まえがき

　この本は，業務として心理検査を実施している心理専門職あるいは心理専門職を目指している方向けに書かれている。

　心理検査を実施しているけれど，心理支援になっている実感が持てない，どうしたらもっとクライエントに役立つ心理アセスメントができるのだろうか···。心理専門職の道を目指し始めた初学者や現場で働き始めた初心者のころ，多くの人が抱く思いではないだろうか。筆者もその例にもれない。本書はいわば，その問いに答えを見出そうとし，短い時間枠の中でいかに心理支援としての心理検査のフィードバックが出来るだろうかと悪戦苦闘する過程で生まれたものである。途中から稲月聡子先生，工藤昌孝先生という強力なパートナーを得て，筆者のもがきに伴走していただいたばかりか，ほかの心理専門職や初学者にも使えるような「**親との協働的なウェクスラー式知能検査の結果のフィードバック面接（CFP）**」の手引きとしてまとめる推進力となっていただいた。

　本書で扱われる事例はすべて，クライエントから掲載許可をいただいたものである。また事例の提出は，心理アセスメントの経験をもち，本書で解説するCFPの手引きを使った3時間の講習会に参加した心理専門職によるものである。CFPにふれたのはその一度きりであっても，フィードバックがこんなに協働的になるのか！ とぜひ読者の皆さんにも驚いていただきたい。講習会を数多く開催することは困難なため，本書では手引きの説明を大幅に増やし，また後半の事例を読んでいただくことで，CFPの実際をより体感できるようにした。筆者は，協働的なフィードバックを模索するなかで，Finn&Tonsager(1997)の Therapeutic Assessment（TA）に出会い，その心理支援としての力に大いに驚いた。CFPはTAとは異なり，日本の多くの機関で採用されている短い心理支援時間枠の中で，ウェクスラー式知能検査のみを実施した場合を想定して作られているものではある。しかし，クライエントと協働してフィードバック面接を作り上げ

心理アセスメントを生活につなげる協働的フィードバック
ウェクスラー式知能検査を用いた手引き

［編著］
隈元みちる

［著］
稲月聡子
工藤昌孝
林　甫
前田暁子
山下美紀

岡山大学出版会

たときの心理専門職として役に立てた感じや楽しさは，TA から受け継げているように思う。ぜひ皆さんにも味わっていただければ幸いである。もちろんそれは，クライエントのフィードバックへの満足感を上げ，その後の心理支援へのハードルを下げることにつながるだろう。

　経験豊富な心理専門職の方には是非，本書のエッセンスをご自身の臨床の場にあった形で応用していただければ幸いである。心理専門職を目指している方や初心の心理専門職の方には，無理に一人で理解・実践しようとせず，まずは仲間同士で本書を味わい，ロールプレイなどで実際に台詞を使っていただくことをお勧めしたい。その上で，難しく感じるところや感覚が掴めない部分については，周りにいる経験豊かな先輩たちに尋ねたり，SV を受けたりすることを検討してみて欲しい。きっと，みなさんの疑問への有益なヒントがもらえるだろう。

　最後に，これまでの研究は多くの方々にご支援いただいた。特にUniversità Cattolica del Sacro Cuore / European Center for Therapeutic Assessment の Dr. Aschieri とそのご家族には，異国の研究者家族を温かく迎え入れ何くれとなく面倒をみていただいた。心から御礼申し上げます。また，手引きや講習会のブラッシュアップを支えてくださった日本福祉大学の大学院生諸氏および修了生有志のみなさん，研究に協力していただいたクライエントのご家族，さらに書籍への掲載も許可していただいたクライエントご家族のみなさまにも心より感謝いたします。本書のもととなった研究は，一般社団法人日本心理臨床学会平成 27 年度研究助成金No. 2015.(ⅱ)-01, JSPS 科研費 JP17K04415, JP20K 03441 の助成を受けました。ありがとうございました。

隈元みちる

≪文献≫

Finn, S. E.& Tonsager, M. E. (1997) Information-gathering and therapeutic models of assessment: Complementary para-digms. *Psychological Assessment*, 9(4), 374-385.

目 次

序章

協働的な心理検査のフィードバックをめざして

協働的な心理検査のフィードバックをめざして

隈元　みちる

　この章では,はじめに筆者がなぜ「協働的な心理検査のフィードバック」をめざすようになったのか,個人的な経緯からお話しさせていただきたい。それから,心理検査のフィードバックの持つ力について,そして本書で取り上げる「親との協働的なWISC-IV知能検査の結果のフィードバック面接」の概要,そしてその応用可能性,最後に本書の構成について述べる。

I. もどかしい思い

　筆者と心理検査の出会いは,うん十年前に大学院に在籍していた頃に遡る。座学で様々な検査について学び,主要なものについては大学院生同士でロールプレイをしたり,知人の子どもにお願いして検査実施を体験させていただいた。そしてその後すぐに実地―地域の役所やクリニック―で心理検査を実施することになった。検査の取り方についてや所見については先輩や上司に見ていただく機会に恵まれ,少しずつスムーズに行えるようになったが,ずっと「これでいいのか,どうすればいいのかわからない」ということがあった。

　それは,結果をいかに伝えるか,ということであった。結果の伝え方は,主に発達検査・知能検査を保護者に直接という方法と,医師に向けて所見を書くという方法があった。特に葛藤が大きかったのは所見であった。所見には検査結果とその分析そして支援方法を書くのだが,いつも筆者が書いた支援方法が本当にそのクライエントに合ったものなのか,あるいは合っていたとしても支援として実際に日常的に取り入れてもらえるのかに確信が持てなかった。

　それに比べると,直接保護者に結果を伝える機会がある場合には,保護

者の様子を見ながら言葉や伝える支援策を選んだりすることができることで，少しこちらが伝えたかったことが「伝わる」感覚があった。しかしそれでも，フィードバックはあくまで結果を伝える場となっており，実行可能な支援策にたどり着いたという感覚にはなりにくかった。

Ⅱ．心理検査のフィードバックのもつ力

　一方で，手応えのあるフィードバックを体験することもあった。その様な時には，保護者が筆者の伝える結果や支援策に興味を持ってくれ，「家で××に困っているんですけれど，そのときにも○○したら良いってことですかね？」などと，日常の様子を語った上で筆者の示した支援策を微妙にアレンジして再提示してくれていた。筆者も日常の様子がわかると「確かに○○すると，××のとき混乱が少なそうですよね」等，ある程度の予測をもって伝え返すことができた。それは「フィードバックが支援に役立ちそうだ」という直接的な実感であった。

　発達検査・知能検査を受ける子どもの中には発達障害のある子どもも少なくなかったが，発達障害をもつ子どもの養育は親にとって困難が大きいことが示されている（Masefield, et al., 2020 等）。従来，この問題への介入としては親への心理教育やペアレント・トレーニングという手法がとられてきており一定の成果が示されているが，親の時間的金銭的な負担もあり必要な親全てが受けられるとも限らない。そういう意味では，支援開始後まもなく行われることの多い心理検査とそのフィードバックの場で，上記に述べたような支援に繋がる関わり―それは親への心理教育や心理支援ともなるだろう―ができれば，心理支援の第一歩としてあるいはその後に続く心理支援の動機付けを高める役割として機能させることができるのではないだろうか，と考えた。

　このような考えから自己流でフィードバックの検討を始めていた頃，さらにこの考えを後押ししてくれる理論と実践にも出会った。Finn の Therapeutic Assessment（TA）である。Finn は 1997 年の時点ですでに心理アセスメン

トを「データを収集するもの」から「治療的に使うもの」への転換を提言し，そのためには心理アセスメントで得られたデータを専門家だけでなくクライエントと共に使うことが必要だとしていた（Finn & Tonsager, 1997）。得られた検査データは一方的に「伝える」ものではなく，「協働」して使うものだ，という理念に膝を打った。TA の実践を見聞きするにつれ，心理検査とそのフィードバックのもつ治療的な力─私や私の子どもの有り様を知り，その上で私の今後を私が決めていくことの力─の大きさに得心した。ただ，TA は標準化されたステップ（Finn,2007/2014）があり，それをそのまま私の臨床現場で行うことはクライエントの時間的・金銭的な負担を考えると困難なことも明白であった。

Ⅲ． 親との協働的なウェクスラー式知能検査の結果のフィードバック面接（Collaborative WISC-IV Feedback with Parents :CFP）の構想と効果

　ではどうすれば，なるべく多くのクライエントに参加してもらえるよう時間と労力を最小限にした上で，心理支援の一環としてのフィードバックが行えるだろうか。まずは私の臨床現場で需要の多かったWISC-IVの協働的なフィードバックを構想した。フィードバックの中で①親が現状の困りごとに影響しているであろう子どもの特性や子ども自身が感じているであろう困難について理解し，②さらに状況を良くしうる日常での過ごし方（支援策）を考えることができれば，フィードバック自体が心理教育や心理支援として機能しうるだろう。検査者は検査の場面でしか子どもを見ていないことも多い。その検査の結果を，検査者から一方的にしかもそれが全てのように伝わってしまうと，せっかくの検査結果も日常とはかけ離れたものとなり，そこから導き出された支援策も机上のものとなってしまう危険性が高い。そうならないためには，検査者が検査という窓を通じて見た子どもの姿と，親が家庭という窓（時には学校の先生からの情報という窓も）から見える姿を出し合い，

立体的で動的な子どもの姿を描き出し理解して，その姿への対応を考えていく，という協働の姿勢が欠かせない。検査者は「伝える」ことよりも「教えてもらう」ことの方が多く，そうしてはじめてその子どもにあったオーダーメイドの支援策を練り上げることができるといえよう。

　構想された「親との協働的なWISC-Ⅳの結果のフィードバック面接：ＣＦＰ」は以下の2セッションからなる。

　　　セッションⅠ：　聞き取り＋WISC-Ⅳ検査実施（90分程度）。
　　　　　　　　　　　聞き取りは子どもと親，検査は子どものみ参加。
　　　セッションⅡ：　フィードバック（50分程度）。
　　　　　　　　　　　親のみ，あるいは子どもと親の参加。

　検査は従来行っているものと変更ないため，実質セッションⅡの50分を追加したのみの時間設定である。ただ，セッションⅠの時点からセッションⅡを見据えて親子それぞれの「何に困っていて，どうなったら嬉しいのか」を聞き取っておくこと，そしてそれに答えられる材料を検査時によく観察・記録しておくこと，が重要となる。

　セッションⅡでは「協働」を可視化するためにフィードバック用のシートを用意する。フィードバックのシートには，上半分に名前や生年月日などの基礎的な情報と合成得点の記述分類およびそれを棒グラフ化したものを配置した。棒グラフの背面は，記述分類のカテゴリーがわかるように薄く色づけした。また，グラフにはあえて記述分類の幅を示すひげや具体的な数値を書き入れなかった。これらは「パッとみて全体の傾向がわかりやすい」ことを重視した結果である。ひげがあるとどう見ればよいのか迷う親は多いし，また具体的な数値を出してしまうと全体の傾向や凹凸よりも1つの高い／低い数字への注目が集まってしまうことを経験してきたからである。シートの下半分には，検査で見られた特徴を5つに絞って記入する。特徴を5つに絞ったのは試行錯誤の結果である―50分のフィードバックの枠に照らすと，これ以上少ないと物足りず（例えば特徴として挙げたもののうまく話題が広がら

なかったときに困ってしまう），多いと時間が足りず消化不良となる。5つの特徴の記入順は，検査者がフィードバックの流れを想定して決定する。筆者の場合は，その子どもの強みと思われるものを最初に持ってくることが多い。そして，セッションⅠで聞き取った内容―日常の困りごとや知りたいこと―に関連すると思われた特徴や，検査時に見られた取り組みの様子を総合して取り上げるものと記入順を決める（実際のレポートについては第2章以降の事例を参照のこと）。

　実際のセッションⅡが始まると，まずセッションの流れを説明し，次に上記のフィードバックシートに予め記入しておいた上半分の合成得点の結果を説明する。それから下半分に書かれた5つの特徴の一つずつについて，どのような支援策が考えられるかを親と一緒に考えていく。出てきた支援策の中からまず取り組めそうなものを決め，それらをシートの下半分に親自身に記入してもらう。5つの特徴の全てについて支援策を考えることが目的ではなく―多くの特徴は互いに関連し合っており，また現在の日常において特に重要とは考えられない特徴も挙げられているかもしれない―クライエントと共に「困っていること」や「こうなったら嬉しいこと」のために，検査で明らかになった特徴を踏まえて何ができそうか，どのように行うのが良さそうかを話し合うことそのものが重要だといえる。

　さて，CFPの効果として，検査者はよりクライエント（家族）を理解でき，実行力のある支援策を構築できる。一方で，クライエント（家族）については，CFP後に親の自己効力感や精神的健康度の向上，非効果的な養育行動の減少，フィードバックへの満足感等が明らかになっている（Kumamoto,2016; Kumamoto,2017）。またCFPでのやり取りを報告したもの（隈元,2018）では，発達障害のある子どもの認知的特徴を話し合うなかで，自閉スペクトラム症（ASD）の父親の日頃の行動についての母親の理解が進む様子や，家庭の中で少数派になりがちな母親の辛さを心理士と共有することで，母親自身が少し前向きになる様子が描かれた。CFPでは検査者―クライエントという二者関係ではなく，検査結果を真ん中にして全員で子どもの姿を立体的に描き出し，子どもの素敵なところも含めて

共有し, 何ができるかを共に考えることができるように思われる。

IV. CFPの応用可能性

　CFPはもともとWISC-IVの結果のフィードバックのために構想されたものである。しかし, 心理検査の結果をどのように支援に活かすかという視点でみていただければ, WISC-Vは言わずもがな, WAISや他の心理検査の結果のフィードバックへの応用も可能だと考える。「親との」と銘打っているが, フィードバックの対象が本人だったり, その他の関係者 (例えば教員や施設職員など) であったりすることもあるだろう。あるいは50分のフィードバックの時間を確保できない, という現場もあるだろう。それぞれの心理職がそれぞれの工夫を加え「心理検査の結果を心理支援として」使えるようになることで, より多くの必要とするクライエントに心理支援が届くようになれば, 筆者の望外の喜びである。

≪文献≫

Finn, S. E.& Tonsager, M. E. (1997) Information-gathering and therapeutic models of assessment: Complementary para-digms. *Psychological Assessment*, 9(4), 374-385.

Finn, S. E. (2007) *In our client's shoes: Theory and techniques of Therapeutic Assessment*, Mahwah, NJ: Lawrence Erlbaum Associates: 野田昌道・中村紀子 (訳) (2014) 治療的アセスメントの理論と実践：クライアントの靴を履いて, 金剛出版

KUMAMOTO, M. (2016) Efficacy on Parents' Distress of Collaborative WISC-IV Feedback with Parents, *Journal of Intellectual Disability Research*, 60(7/8), 793.

KUMAMOTO, M. (2017) Utility of Collaborative WISC-IV Feedback with Parents (CFP) for parental, 2nd Collaborative/Therapeutic Assessment Conference, Austin.

限元みちる (2018) 保護者支援としての協働的 WISC-Ⅳ フィードバック: 自身も発達障害を有する保護者との事例を通して，心理臨床学研究, 36(4), 377-386.

Masefield, S. C., Prady, S. L., Sheldon, T. A., Small, N., Jarvis, S., & Pickett, K. E. (2020) The Caregiver Health Effects of Caring for Young Children with Developmental Disabilities: A Meta-analysis, *Maternal and Child Health Journal*, 24(5), 561-574.

第1章

親との協働的なWISC-IVの結果の
フィードバック面接（CFP）のための手引き

親との協働的な WISC-IV の結果の
フィードバック面接（CFP）のための手引き

隈元 みちる

　ここでは，実際に親との協働的なWISC-IVの結果のフィードバック面接（Collaborative WISC-IV Feedback with Parents :CFP）を実施するための手引きを提示します。

　既に心理検査の実施やフィードバックの経験のある方は，最後までこの手引きを一通り読んで全体像をつかんでいただき，ご自身の経験と照らし合わせてみてください。その後，次章からの実際の例を参照いただければよりCFPの特徴が見て取れると思います。CFP実施の際には，再度各段階での目的を押さえた上で，台詞例などを参考に面接を行っていただけるようになっています。また，実際の面接の際には，より全体を一覧できるダイジェスト版を巻末につけましたので，そちらもご参照ください。

　これから心理検査やフィードバックを行うという段階の方にも，この手引きを使っていただけるように台詞例がついています。できれば，この手引きを使って仲間とフィードバックのロールプレイをしてみてください。ロールプレイをすることで，よりCFPの目指す「協働」のあり方やその手応えを感じていただけると思います。さらに，心理検査について座学で学んだ後，実践に入る前にこのCFPのロールプレイをしてみると，座学で学んだことの細部の意味がより鮮明にわかったり「もっと勉強したい」という意欲が湧いたりすること請け合いです（隈元ら，2021）。「まだ現場に出ていないから」「うまくできなさそうだから」と尻込みせずに，まずはこの手引きを使ってフィードバック面接のロールプレイをしてみてください。

Ⅰ．CFPの目的

1．検査結果について話し合い，（親の）子ども理解を促進させる。
2．協働的なやりとりを通して，1を参考に現状の特定の困りごとについての対処法を見いだす。
3．協働的なやりとりを通して，1を参考に現状の対処法から汎用性のあるまとめを行う。
4．親が主体的に子どもの特性を理解し，子どもと共に歩むことへの希望を後押しする。
5．早期にセラピスト（検査者）－クライエント関係を作り上げる。

（隈元ら（2017）を一部改変）

目的の1：「子ども理解の促進」について

　クライエントがエネルギーと時間をかけて臨んだ心理検査の結果は，情報の宝庫です。これをクライエントやその親と共有し，今後に活かすことができるようにすることは，心理士の責務といえます。ただし，ここで重要なことは，心理士が得た情報全てをそのまま加工せずにクライエントやその親に提示することは「（親の）子ども理解の促進」には繋がらないということです（「親」という言葉に括弧をつけたのは，CFPを実施するにつれ，フィードバックする相手が親だけでなく，本人や関係者にも広がってきているためです。この後の「親」という言葉も，適宜フィードバックの対象者に替えて読んでください）。CFPはあくまでも「（親の）子ども理解の促進」のために行うのだ，ということを念頭に，どの情報をどの順番で伝えるか，等を考える必要があります。

目的の2：「現状の特定の困りごとについての対処法の創出」について

　目的の1が達成され，心理士と親の共通理解の土台ができたら，次に「現状の特定の困りごと」への対処方法を考えます。心理検査の受検を決

めるとき，多くの場合，何らかの困りごとがあって，その決断がなされます。あるいはしっかりとは意識していなくても「どんな風になれたらいいと思いますか」といった問いかけをすると，現状との差異に目が向き，現状を変化させたい，という思いが語られることもあります。それらの受検の動機となった事項について，検査結果から推測されることをお伝えし，その方に応じた対処方法を協働して考える，ということが目的の2つめとなります。

　目的の1で検査結果を聞いただけではなかなかピンと来ないことも，ここで具体的な対処方法を考えることができると「検査結果を日常に活かす」ことへぐんと近づきます。クライエントの日常や，どんな対処方法がより実現可能かはクライエントに聞かなければわかりません。ここでは「協働」が欠かせず「協働」することによりクライエントのフィードバックへのコミットメントも高まり，日常生活をより良く過ごすためのアイディアも，クライエントから多く出てくることになります。

目的の3：「汎用性のあるまとめ」について

　目的の3は，目的の2で考えた対処方法を少し抽象化して理解することになります。「うるさいリビングでは集中して宿題ができない」という困りごとについて，目的の2で「宿題をするときには，静かな部屋で時間をきめて行う」といった対処方法を考えたとします。目的の3では「たくさんの刺激があると，集中しにくい」という理解に繋げていくことになります。このような抽象化を行うことで，検査結果は宿題場面だけではなく，例えば学校でも使えるものとなります。心理士は得てして，こういった抽象化した言葉で検査結果を語りがちではないでしょうか。

　しかし，目的の2を飛ばしてしまうと，フィードバックを受けている方にとっては日常生活という具体との繋がりが見えにくいため，検査結果がなかなか腑に落ちません。ですから，目的の2をしっかりと達成した上で，目的の3に繋げるということが欠かせません。一方で，目的の2のみで終わると，一対一対応の対処方法になりますので，別の場面での応用がききません。より検査結果の活用をと考えると，目的の3の抽象化した理解，汎用性のある

まとめ，ができることが望まれます。

目的の4：「希望の後押し」について

　自己のことや自分の子どものことがわかる，ということ，そしてそれを誰かと共有すること，は心理療法が行っていることであり，その効果については心理士に周知のことといえるでしょう。心理検査のフィードバックで行っているのは，まさしく同じことであるといえます。心理検査のフィードバックでは，ややもすると心理士からの結果の伝達で終わるということになってしまいますが，目的の1の「子ども理解の促進」を思い出していただくと，結果を「伝達」するのではなく「共有」することが重要である，といえます。さらに，心理検査のフィードバックでは，心理療法とは違って目に見える「検査結果」があるというアドバンテージがあります。フィードバックを受ける方が，結果から子どもの特性を心理士と共有し，その対処方法も協働して創出するという過程を経る中で「これからもこのようにやっていけば良いのか」「こうやって相談できるのか」という思いを持っていただくことで，これからの生活への希望を後押しできればと思います。

目的の5：「セラピスト（検査者）－クライエント関係の醸成」について

　多くの場合，クライエントと心理士との関係は，心理検査の場面のみではありません。その後にそのまま心理相談が続いたり治療が始まったり，あるいはまた何年後かに心理検査を受検するということもあるでしょう。どのような場合でも，フィードバックの場がクライエントにとって「心理士との関わりは自分にとって役に立つ」という思いを持てる場になることが望まれます。特に，心理士との出会いの早期に心理検査が実施されることが多いと考えられるため，心理士が心理検査と心理療法を分離したものと考えず，心理支援の一環としての心理検査とフィードバックという視点でいることは，より多くのクライエントへ心理支援を届けることに繋がるでしょう。

Ⅱ． CFPの構造

☆CFPの構造

CFPは2セッションからなります。通常の検査実施に＋1セッション，という構造になります。ただし，検査実施の際に，フィードバックを見据えて聞き取りをしておくことが肝要です。同時にラポールの形成もできるといいですね。次項から，内容について詳しく述べます。

第Ⅰセッション：
　内　容：聞き取り＋検査実施
　時　間：約90分（聞き取り10-15分，検査60-75分）
　参加者：検査を受ける子ども（聞き取り＋検査実施），
　　　　　　子どもの親（聞き取り）
第Ⅱセッション
　内　容：フィードバック
　時　間：約50分
　参加者：子どもの親（検査を受けた子ども，関係者等）

Ⅲ． 第Ⅰセッション（約90分）

聞き取り：10-15分程度

聞き取り段階の第一の目的として，**ラポールの形成，検査への動機づけの向上**があります。初めは，来室した全員を部屋に招いて，**あいさつ，自己紹介，クライエントの名前，生年月日，同伴者の確認，WISC-IVの簡単な説明，体調・意思の確認**，等を行います。具体的な台詞としては，以下のようになります。

「こんにちは。今日担当させていただきます＊＊です。はじめまして。（はじめは子どもに向かって言いましょう）お名前と生年月日を教え

てください。ありがとうございます。一緒に来ていただいたのは（クライエントが答えられるか，待ってもよい）お父さまとお母さまですね。＊＊です。よろしくお願いします（親に向かって）」

「今日は，WISC-IV という検査をさせていただきます。これは，クイズやパズルのような課題を少しずついろいろやってもらって，どんなことがどんなふうに得意か，あるいは苦手かを見せてもらう検査です。今お困りのことがあればどんなふうにしたら楽にできそうかを考えたり，得意なことを活かすにはどんなことができそうか，考えるために使います。検査を始めてからだいたい1時間くらいかかります」

「今日の調子はどうですか？　検査受けてもらえるかな？」

　検査への同意がとれたら次に，聞き取りの目的の2つめ，**フィードバックで重点を置くべきことを知る**，に移ります。具体的には，フィードバックの実施を念頭に，子どもの検査実施前に**以下の内容について聞き取り**を行いながら，クライエントに「受検によって何らかの情報が得られそうだ」「この心理士は，自分たちのことを考えようとしてくれているようだ」という思いをもってもらえるようにします。また必ず子どもの意見を聞くことや，大人の意見を聞いても良いか子どもに確認することなど，聞き取りにおいても子どもを尊重する姿勢を明確にしましょう。

聞き取り内容
1）受検の経緯，動機，これまでの受検歴
2）現在困っていること，気になること
3）家族との関係や家での様子/友人・先生との関係や集団場面での様子
4）得意・好きなこと/苦手・嫌いなこと（学習面・日常場面）
5）検査を通して知りたいこと

具体的な台詞例としては，以下のようになります。

1）受検の経緯，動機，これまでの受検歴

　　「検査を始める前に，より検査の結果を活かすことができるように，少しお話を聞かせてください。今回はどのような経緯で検査を受けよう，と思われたのでしょう？　簡単に教えていただけますか？」（最初に子どもに聞きましょう。子どもが答えられないようなら，お父さん／お母さんに聞いてもよい？　と子どもにたずねて，同じ質問をします。以下同じ）

2）現在困っていること，気になること

　　「今何か，困っていることや気になることはありますか？」「お父さん・お母さんはいかがですか？」

3）家族との関係や家での様子/友人・先生との関係や集団場面での様子

　　「おうちでは毎日どんなふうに過ごしていらっしゃいますか？　ごきょうだいとの関係は？」「学校ではどんなふうに過ごしてらっしゃいますか？」

4）得意・好きなこと／苦手・嫌いなこと（学習面・日常場面）

　　「好きなことや得意なことは，どんなことですか？　学校では？　学校以外では？」「逆に，これは嫌いだなあとか苦手だなあ，というのはどんなことですか？　学校では？　学校以外では？」

5）検査を通して知りたいこと

　　「検査を通して知りたいことはありますか？」

　　（特にない，ということであれば，先に述べられた困りごとを挙げて，＊＊について解決のヒントが得られたらいいですね，や，どんなところが得意なのか見えてくるといいですね，とこちらから提案し，賛同を得ます。検査への動機付けを高めることにつながります）

聞き取りの最後に，検査結果を子どもの役に立てたいことを子どもに伝え，フィードバックの同意を得ます。

> 「今日の検査の結果は，今度お父さん／お母さんにもう一度来てもらって，その時お話させてもらいたいと思っています。お父さん／お母さんに，＊＊さんが今困っていることについてのヒントや，知りたいことについて検査から分かったことを私からお伝えして，お家でもできること，学校にお願いした方がいいことを相談させてもらいたいと思います。いいかな？　お父さん／お母さんに，またどんな話をしたか聞いてもらえる？　もちろん，またここで私からあなたに説明することもできます」

ここまでの聞き取りができれば，次に検査実施段階に移ります。親子分離ができれば，ここで分離をします。

検査実施：60-75分

いよいよ検査に入ります。子どもと二人きりになるので，まず聞き取りで話したことの感想を聞きます。分離前後の子どもの様子の観察から情報が得られることも多くあります。

> 「さっき，お母さん／お父さんと＊＊と話してみてどうだった？　分からないところはなかった？　付け加えたいことは？」

そして，検査の始まりと，終わりの目安を確認します。

> 「今から始めます。人によって長かったり短かったりはあるけれど，だいたい1時間だから，終わるのは＊＊頃になります」

検査時には，フィードバックの実施を念頭に，子どものWISC-IV実施時には聞き取った「現在の困りごと・気になること」「検査を通して知りたいこと」に関係すると思われる場面について，よく観察しておきます。また表1にある観察の視点についても下位検査ごとに観察し，記録しておきましょう。

表1　観察の視点とその例

観察の視点	観察の例
検査者とのやりとり	自然なやりとりか／時間によって変化はあるか
親との関係	親がいるときといないときでの様子に違いはあるか
達成感	適切な達成感が示されるか／褒めたときの様子
わからないときの様子	自発的にわからないといえるか／言い方を教えれば取り入れられるか／粘って考えようとするか
課題と取り組みの関係	どんな課題で取り組みがよいか／取り組みにくいか
衝動性	用具にすぐ手が出るか／出し抜けに答えてしまうか
集中と動きの様子	集中するための動き／集中していないときの動き／時間経過の要因
姿勢保持	課題によって変化はあるか
こだわり・パターン	こだわりの内容／パターン的な答え／間違いのパターン
手指の巧緻性	積木の扱い方／鉛筆での書き方
視線の動き	絵や図の何処を見ているか
作業時の独自の方略	自分のやりやすい方略を見つけられていれば，それを他にも援用できる

（隈元,2018,P384）

　検査が終了したら，努力をねぎらい，感想を聞きます。ここで，行動観察で気になったことや，特定の方略がありそうであれば聞き取っておくことも，フィードバックで日常での支援策を考えるのに役立ちます。

　　「お疲れ様でした。これで全部終わりました。頑張りましたね！」
　　「やってみてどうだった？　好きだったもの／嫌いだったものはある？　やりやすかったもの／やりにくかったものは？」（話を聞いたら，その点について膨らませて聞きましょう。聞き取りの中で話された，困っていることや知りたいことに関連していると思われる場合には特に念入りに。例：「確かにあれ，早かったよね。どうやって覚えたの？　学校でもこういうの得意？」「そうか，そんなにやりにくそうには見えなかったけど，どういうところが難しかったか，もう少し教えてくれる？」）

IV. 結果の分析と伝える情報の精選

検査終了後には規定の方式に則って，まずは数値的な結果を分析・整理します。

次に，聞き取り段階で聞いた，「知りたいこと」「困っていること」への答え（の一部）となる特徴を（行動観察も含めて）探します。さらに，本人／家族から「知りたいこと」「困っていること」としてはでてきていないものの，検査をしてみて検査者が伝えておいた方が良いと思われる主立った特徴（強み／弱み）を挙げます。

ここまで整理した後に，伝えるべき情報を5つに絞ります。5つに絞る理由として，あまりに多くの情報があると重要なことが何かが見えにくくなったり全体を記憶しにくくなったりすること，さらにフィードバックの50分の中で協働するための材料として適切な数，ということがあります。情報が絞れたら，次にそれらを専門用語ではない“日常的な言葉”でどう表現できるかを考えます。ここは知恵の絞りどころです。心理士が検査結果からつかんだ情報はどのような言葉で伝えるとよりその本質が伝わるか熟慮が必要です。もちろん，紙ベースの所見とは違って，フィードバックの場で言葉を足したり言い換えたりすることもできますが，まずは伝えたいことの本質を心理士がこの段階でつかんでおくことが肝要です（P50 のコラム参照）。ここで，並び順も考えておきましょう。CFPでは，これらの特徴を結果シートにまとめ，フィードバック時に使用しています。心理士―クライエントという二者関係ではなく，同じシートを一緒に見るという姿勢が「協働」を後押ししてくれるように思えています。

V. 第 II セッション（50分）

いよいよフィードバックです。フィードバックは，大きく4つのパートに分かれています。

1）あいさつ，第Ⅰセッション後から今回までの様子を尋ねる，今日の予定・目的の確認（約5分）
2）検査結果の説明と親の実感とのすりあわせ（約15分）
3）対処法とその汎用性のあるまとめの考案・記入（約30分）
4）協働の成果の確認・終了後のフォローの提示

以下の準備物を用意して臨みましょう。

準備物：結果シート，記録済みの検査用紙，鉛筆，消しゴム

　まず，1）では，**あいさつ，前回から今回までの様子を尋ねる，今日の予定・目的の確認**を行います。所要時間は**5分**ほどです。目的は，**検査の影響を確認し，親にフィードバックの予定と目的を伝え協働関係を構築する**ことです。具体的な台詞例としては，以下のようになります。

　　「こんにちは。＊＊です」

　　「前回，検査が終わってからお子さんの様子はいかがでしたか？　何かお聞きしておいた方がいいことはありましたか？」

　　「今日は＊＊さんが前回受けていただいた WISC-Ⅳ の結果のご説明をさせていただきたいと思います。ただ今回は，こちらからご説明するだけではなく，検査の結果と＊＊さんの日常の様子と照らし合わせて，これからどんな取り組みができそうか，一緒に話し合っていければと思っています。全体で50分の時間を考えています。よろしくお願いします」

　次に，2）**WISC-Ⅳの結果の説明と親の実感とのすりあわせ**を15分を目安に行います。ここでの目的は，**親に検査の結果を理解し，結果と日常生活との異同を教えてもらう**ことになります。

1）結果シートおよび WISC-IV 記録紙の裏の正規分布表を提示する。
2）FIQ，各指標の順に，結果をグラフと記述分類で伝える。
3）検査から得られた5つの特徴のそれぞれについて，検査時の行動観察もふまえて説明する。
4）感想を尋ねる。

　検査者は検査時の様子しかわかりません。検査結果はあくまで「検査実施時の状況における結果」にすぎないことを念頭に，その結果が日頃の様子に照らしてどのように感じられるかを親に教えてもらうことになります。日常の様子と大きくかけ離れていれば，その理由を考えることは本人の困りごとや支援に繋がるヒントになるかもしれません。CFPでは，上記の4つのステップに沿って進めます。

　この説明が，この後の協働の土台となる共通理解の部分になるため，親の理解を確かめながら伝えます。説明の途中に挟まれた質問にも適宜答えながら，最後にもう一度感想を聞きます。

　「ここまで結果を聞いて，どう思われましたか？　日常の様子と重なる部分，全く違う部分がありましたでしょうか？」

　「前回，困っていること，検査で知りたいこととして＊＊＊とお話いただきましたが，何か結果を見て感じられる部分はありましたでしょうか？」

　ここまでで結果についての共通理解が得られたら，次に3）**対処法とその汎用性のあるまとめの考案および記入**にはいります。**約30分**を見込んでおきましょう。CFPの要の部分と考えられます。このパートの目的は，**それぞれの特徴について，親と協働して日常生活でできる支援策や伸ばし方を考える**ことになります。結果シートに書き込んだ5つの特徴について，1つずつ関連すると思われる日常の様子を親に語ってもらい，どんな対処方法が考えられそうか一緒に考えていきます。いろいろな対処方法のアイディアが

でた場合は，一度全てを受け止めた後，「まず，どれに取りかかるのが良さそうですか」と1つに絞ってもらいます。そして，1つの特徴につき1つの対処方法のアイディアが決まったら，親に結果シートに記入してもらいましょう。対処方法を1つに絞る理由として，取り組みの実行性を高める目的があります。多くのアイディアをそのままにしておくと，そのこと自体に満足してしまったり結局何をすれば良いのかがわからなくなってしまったりしがちです。**1つに決め，親（あるいは子ども）自身が記入する**ことで，オーダーメイドの「支援シート」を親に作っていってもらうことを目指します。

　実際のフィードバック場面では，5つの特徴の始めやすい（前ステップで親の理解がより深まったと思われる特徴や，一番困っていることに関係しそうな特徴など）ものから始めます。例えば次のように言って親に順番をきめてもらったり，親が決めにくければ心理士が先導することもあります。

　　「では，検査の結果と今のお話をもとに，これからどんなふうに取り組んでいったら良さそうか，一緒に考えていきましょう」「どこから始めましょうか」

　　「先ほど，＊＊の特徴について，『家でも＊＊なんです』と仰っていたので，ここからはじめてみましょうか」

　そして，検査で見られた特徴について，1つずつシートを使って支援策・伸ばし方を考えていきます。

　　「まず，＊番目の特徴について一緒に考えましょう。この特徴は生活の中のどのような場面で見られるでしょうか？」（生活場面を語ってもらい，対処法を一緒に考える。対処法が決まったら）「いいですね。ではそれをシートに書き込んでください。では次に＊番目の特徴について一緒に考えましょう」（以下，繰り返し）

　話が検査から得られた特徴から離れていくときには，それらを受容しつつ「今日はまず，検査で見られた特徴から考えられることはないか話し合ってみましょう」と話を戻しましょう。

　支援策や伸ばし方については，できるだけ，親から引き出すようにします。なかなか思いつかない親には心理士から例を 2, 3 出してみて，どれが子どもに合いそうか選んでもらうという方法をとります。できるだけ，心理士からの一方的な提案・決定にならないように，親が取り組めそうなこと，子どもに合いそうな方法を考えてもらえるように話します。うまくいった場合や困難な場面などを話してもらうことで，心理士の方で「それがうまくいった/大変だったのは＊＊だったからなのでは」と抽象化し，親が語った具体的な困りごとに対処できるように，もう一度具体化した対処方法へと戻す，ということも有用です。

　　「検査では＊＊さんは＊＊という特徴があるのではと考えられました。日常での困りごとは，この部分が影響している可能性も大きいと思うのですが・・・」「このことに関して，これまでこうしたらうまくいった，とかこんな時はもっと大変になった，等何かエピソードはありますか？」
　　会話例：「居間でテレビがついていると，もう全然宿題できないですね（親）」「音が気になるという事でしょうか？」「ああ，そうお姉ちゃんが私に話しかけてきたりしても，全然関係ないのにそっちに乗り出してきちゃって，あなたは宿題やりなさい，っていっても難しいですね」「なるほど・・・。ということは，せめて宿題の時だけでも音のない環境にすると楽かも知れませんね。家ではどんな工夫ができそうですか？」「そうですね。＊＊の宿題の時間っていって，お姉ちゃんにその時間は私と二人にしてもらうように言えるかな」「場所はどこが良さそう？」「そうですね，キッチンの机でやってもいいかも」「それ，いいですね」

　5 つの（あるいは時間内で幾つかの）特徴について対処方法を考えることができたら，次に **4）協働の成果の確認・終了後のフォローの提示** に移ります。うまく協働できるとお互いに達成感を得て，また適度な疲労感もあるでしょう。協力に感謝し，ねぎらい，また話し合ったことを簡潔に伝え返します。

そして，最後に全体の感想を聞き，今後のフォローについてお伝えして終了
とします。

　　「これで今日の予定は終了となります。結果を聞いて，話してみられ
　　ていかがでしたか？」
　　「家に帰って，子どもさんにも話してみてくださいね。今回の検査に
　　ついてお聞きになりたいことや相談されたい場合には＊＊すること
　　が可能です」

≪文献≫
隈元みちる・竹内直子・石田喜子（2017）子どもの特性理解を促進させる
　　親との協働面接の指針の作成：WISC-IV の結果のフィードバック，日
　　本心理臨床学会第 36 回大会（発表論文集 272）
隈元みちる（2018）保護者支援としての WISC-IV フィードバック―自身も発
　　達障害を有する保護者との事例を通して―，心理臨床学研究，36(4)，
　　377-386
隈元みちる・稲月聡子・工藤昌孝（2021）手引き試案を用いた初学者によ
　　るアセスメント・フィードバックの検討：WISC-IV の結果について親と協
　　働するために，日本カウンセリング学会　第 53 回大会，発表論文集，
　　90

第2章

宿題嫌い，料理が好きな小学5年生男児の事例

宿題嫌い，料理が好きな小学5年生男児の事例

林 甫

参加者：Aくん，１１歳３ヶ月，男，同伴者：母親
大学附属の心理相談室にて実施

Ⅰ．第Ⅰセッション（約９０分）

１．聞き取り（参加者：Aくん・母親）
１）受検の経緯，動機，これまでの受検歴

  母：「Aくんの特徴が知れたらと思い受けてみようと思った。これまで検査を受けたことはない。」

２）現在困っていること，気になること

  母：「場にそぐわない行動をする。ゲームがやめられない。集中できない。」

  Aくん：「勉強が嫌い。時々宿題を忘れて先生に怒られる。」

３）家族との関係や家での様子／友人・先生との関係や集団場面での様子

  家族関係は良好。ゲームのし過ぎや，勉強をしないことで注意することが多い。人は良いから，友人もたくさんいる。

４）得意・好きなこと／苦手・嫌いなこと（学習面・日常場面）

  ゲームが好き（ポケモンＧＯ）。家庭科や図工が好き。お菓子作りも好きで，友達に振る舞うこともある。苦手なことは国語，数学，英語，理科。

５）検査を通して知りたいこと

  母：「ゲームがやめられないことや，集中できないのはなぜなのか。どのような対処方法があるのか知りたい。」

　　　Aくん：「・・・」

2．聞き取り時の様子

　Aくんはゲームをしながら来所する。母親に止めるように注意されるが，なかなか止められない。母親は慣れた感じで何度か注意するが，Aくんがリアクションしないので諦める。母親と検査者の会話が全く耳に入っていないわけではなさそうで，声をかけると反応はしてくれる。最終的にゲームはやめて検査者の質問にも答えてくれるが，積極的に話すことはない。

3．検査実施（参加者：Aくん）
☆検査時の様子（約1時間）

　検査室に入ると切り替えができ，聞き取りの時と違って落ち着いて見えた。検査について早くやりたいと積極的な姿勢を示す。検査全体を通して，得意な内容は楽しそうに取り組む。一方，苦手な問題は自信なさげに答えていた。中盤に差し掛かると集中力が切れてきて，「あと何問？」と終わりを気にしたり，検査道具で手遊びしたり，落ち着きがなくなる。それでも励ますと最後までやり通すことができた。全体として 1 時間程度であったが，その時間が限界な様子であった。

Ⅱ．検査結果

1．WISC−Ⅳの結果の整理と取り組みの様子

　全検査IQ98（90％信頼区間：93-103）となり，知的水準としては平均の範囲にあった。各指標の合成得点は，言語理解 91，知覚推理 115，ワーキングメモリー100，処理速度 86 となり，知覚推理が他の三つの指標の合成得点と比べて 5％水準で有意に高かった（グラフは P42 のレポートを参照）。

　また，各指標の合成得点を構成する下位検査間の差や特徴については，言語理解の下位検査で差があること（類似＞理解＞単語），知覚推理の

下位検査で差があること（積木模様＞行列推理＞絵の概念）がわかった。ワーキングメモリーの下位検査では差が見られなかった。処理速度の下位検査では差があった（記号探し＞符号）。

　言語理解については、一般的な知識やモノの概念は理解できているが、それらを言葉で説明することを苦手としていた。

　知覚推理は最も高く、視覚情報の読み取り、理解、処理を得意としていた。中でも積木模様が最も高く、全体よりも細部から組み立てていく様子が特徴的であった。

　ワーキングメモリーについては、記憶の保持は平均的であった。一方、逆唱や語音整列では繰り返し口にして忘れないようにしており、頭の中だけで操作することを苦手としている様子であった。

　処理速度は最も低く、特に符号では一つ一つの確認に時間が取られ、作業を効率的に行うことを苦手としている印象であった。ミスはないが字が汚くなっていき、「あと何秒か」と時間を気にするなど、最後まで集中しきることができなかった。

2. 結果の分析と伝える情報の精選

　まずは聞き取り時の様子や、言語理解の特徴から、言語表現を苦手としていることが推察された。Aくんの考えや気持ちが相手に伝わらないことがあり、理解されにくい状況を作っていると考えられた。聞き取りの中で母親から語られた「場にそぐわない行動」についても、Aくんの考えが理解されないために起こっているとも考えられた。さらに、Aくんは物事を全体よりも部分から捉えるところに特徴があった。周囲の動き（全体）とAくんの意識を向けるところ（部分）にズレが生じてしまう可能性が考えられた。

　最も高かった知覚推理の検査に集中して取り組んでいた様子や、聞き取りの内容（「家庭科や図工、お菓子作りが好き」）から、興味のあることには意欲的に取り組むことができると思われた。また、視覚的な情報を基に類推することを得意としており、学習面でも活かすことができると考えられたため、重要な特徴としてあげた。

　次にAくんの苦手としている学習面での課題から，特徴を挙げた。処理速度が低く，長時間集中することを苦手とするAくんにとって，単純作業の宿題は煩わしいものであると想像される。また，授業中の黒板の字を素早く書き写す作業でも，困難さを抱えている可能性がある。加えて音声記憶の保持と操作を頭の中で行うことを苦手としているため，授業の理解や日常的なコミュニケーションに影響がでていると考えられた。

　以上のことを考慮し，検討する具体的な特徴を5つ挙げた。

3．レポートの作成—最終的に選んだ5つの特徴

　　①言葉で説明することが苦手。言葉の理解が曖昧なところがある
　　②興味のあることに意欲的に取り組める
　　③視覚情報を読み取り，処理することが得意
　　④複数の要素を記憶しながら作業することは苦手
　　⑤集中を持続させることが苦手

Ⅲ．　第Ⅱセッション（約50分）

1．フィードバックの概要（参加者：母親）

　後日，母親だけが来所し，フィードバックを実施した。最初に検査のフィードバックの説明と，結果を活かしてどのような取り組みができそうかを一緒に考えたいという旨を伝えた。

2．フィードバック時のクライエントの様子

　フィードバック時の母親の様子は，検査結果に興味を持って話を聞かれており，気になる点は積極的に質問されていた。また，検査結果と日常のAくんの言動やエピソードを絡めて，特徴の理解をされていた。

3．フィードバックでの実際のやりとりとその考察

　まず手引きに従い，フィードバックの構造の説明を行い，全体の結果とそ

れぞれの合成得点の説明を行った。各項目について、母親から質問や確認があり、積極的に理解しようとされる様子が見られ、検査者との協働的なやりとりとなった。

　その後、母親の日常の実感とのすり合わせを行うと、処理速度の部分が苦手ということがどういうことなのかはまだピンとこないが、それ以外は日常の様子からよくわかるということだった。そこで処理速度に関わる例として、検査者から宿題の漢字の書き取りを挙げて日ごろの取り組みの様子を尋ねると、以下のような会話が続いた。

　　　母　　　：（宿題の漢字の書き取りで）偏とつくりだったら、偏だけ先
　　　　　　　　に書いて、つくりだけ後から書いて、みたいな。早く終わら
　　　　　　　　せるための（方法）。
　　　検査者：彼なりのやり方で、早く終わる方法として偏だけを書く。
　　　母　　　：でも（漢字は）苦手。視覚的な認知はあるから、漢字も覚え
　　　　　　　　たら多分、形も綺麗に書けるんだけど、言葉による理解とか
　　　　　　　　がないから。ちょうど漢検をこの前受けさせて、対義語とか
　　　　　　　　類義語とか、そういう語彙能力はないから、（中略）普通に
　　　　　　　　読みとかはすごい読めるんだけど、頭を使わないといけない
　　　　　　　　ところで苦労しましたね。

　作業の苦手さから、漢字の書き取り等の宿題を嫌がるということと、Aくんなりの作業を効率的に進めるためのユニークな方法がエピソードとして示された。さらにそこから、漢字の苦手さについて、読みはできるが意味理解が不十分であるという、Aくんの特徴もうかがわれた。

　検査結果の特徴を日常の行動に置き換えることによって、起きていることを詳細にイメージすることができた。

　次に、検査者の挙げた5つの特徴から「日常の中で、どのような具体策が考えられるか」と話をふると、母親が①「言葉で説明することが苦手。言

葉の理解が曖昧なところがある」という部分について，話し出す。

> 母　　　：（Aくんは）突然なんか，すっ飛ばしたところから話し始める。
> 検査者：こっち（母親）に伝わっているだろうって感じで，向こう（Aくん）はしゃべってるけど。
> 母　　　：そう。俺の今日の生活，分かってるだろう的な感じで。
> 検査者：急に内容が来る。
> 母　　　：そう。
> 検査者：その時，お母さんはどう対応されるんですか？
> 母　　　：それは学校の話？　同じクラスの子？　とか，そうやって一個一個聞いて，そういうことねという感じ。
> 検査者：こっちも理解できるし，向こうにも伝わっていないという意思を伝える。

　コミュニケーションにおいて，Aくんの伝えたいことと，相手に伝わっていることにズレが生じていることが明らかになった。母親はAくんの表現を補って理解するようにしている。一方で，母親以外の他者とやり取りが噛み合わない場合があるということだった。どのような工夫ができるのかをさらに考えてみた。

> 検査者：（Aくんが）曖昧な理解でよしとしている。
> 母　　　：曖昧にしないように。
> 検査者：いつ？　どこで？　何した？　とか（はっきりさせる）。
> 母　　　：5W1H。
> 検査者：そうですね。言語化する。言葉の意味に関しても，どういう意味で使ってる？とか。
> 母　　　：気持ちの部分とかも，言語化するのは苦手かな。何かあった時，言葉でこう言われたのが嫌だったとかじゃなく，えへん（怒って）って拗ねて向こうの部屋行くみたいな。

親子の話し合いの中で曖昧な表現を避け，言語化する習慣を意識した関わりを目標とした。また，気持ちの表現もAくんからはまだ難しい様子であり，母親から何が嫌だったのかを聞いてみるという方向で落ち着いた。①「言葉で説明することが苦手。言葉の理解で曖昧なところがある」について工夫できることとして，「曖昧にしない。5WIHを言語化する訓練。何が嫌だったかを聞いてみる。」と母親がレポートに記入した。

　母親のいつもの対応も，工夫できることを探すヒントになる。いつものやり取りを協働的な話し合いの中で振り返り，それが有効か，他に良い方法がありそうかを検討することができる。

　次に②「興味のあることに意欲的に取り組める」に移った。検査者が日常の様子について尋ねると，母親が次のように話し始めた。

母　　　：料理するんですよ，あの人。自分で料理本見て，これが作りたいみたいなのを言って。保育園の頃からやり出したんですけど。
検査者：すごいですね。
母　　　：料理本を見たら，その通り作りたいって。星型のパプリカが乗ってたら，パプリカを買ってこいみたいな感じで。星は型で抜いて（作る）。

　検査者から，「料理好きから何か広げられないか」と提案すると，母親から「食べてもらうのが好きって言ってました」と好きな子を家に招いて，一緒に料理するエピソードが語られる。それ以外にも話を広げるため，検査者から習い事のスポーツなども挙げてみるが，母親は，Aくんがその習い事があまり好きでないために行くことを回避しようとする場面をユーモラスに語った。Aくんの日常を母親と共有し，母親と検査者で笑いあった。その後，具体策を考えるために，検査者はもう一度料理の話に戻した。

検査者：じゃあ，家で料理する方が好きなんですね。（中略）何を広げられるでしょ

　　　　　う。でも，料理を一緒にするだけで，それこそコミュニケーションですよね。

母　　　：そうですね。

検査者：料理する時間使って，さっきの言葉のやり取りとか。好きな子とどうなった
　　　　　かという話もできますね。

母　　　：じゃあもっと回数を増やそうかな。

検査者：好きな献立も考えて，自分で栄養考えてやってみるとか。

母　　　：買い物任せるとかね。

　Aくんの好きなことの話題からコミュニケーションに活かす方法を考えた。料理を作るだけでなく，献立を考える，必要な材料を用意するなど，その過程の中で活かせそうなアイディアを出し合うことができた。②「興味のあることに意欲的に取り組める」の方策として「料理（興味のあること）から広げてみる。買い物から献立を考える等。」と母親がレポートに記入した。

　興味のあることや，強みの活かし方も一緒に考えることで，より具体的な方法を見つけることができる。またそのアイディアも，協働的な雰囲気の中によって生まれたものと考えられる。

　その後③，④，⑤の特徴についても，行きつ戻りつしながら，また日常の様子を母親と共有しながら具体策を考えた（p42のレポート参照）。最後に感想を聞いてフィードバックを終了した。

Ⅳ．フィードバックの考察

　これまでの筆者の行ってきたフィードバックでは，検査結果をいかに伝えるかに意識が向いていた。そのため検査結果を伝える側（検査者）と，伝えられる側（クライエント）という関係性になりがちであった。クライエントも伝えられる側というスタンスでフィードバックに臨む人も少なくない。協働的なフィードバックを行うためには，まずその意識の構えを解いてもらい，クライエントにも少し前のめりになってもらうことが肝心であるように思われた。

　そのためにも検査から得られた情報と，日常生活のクライエントの特徴を

照らし合わせる作業が有効であると感じた。日常の情報はクライエント自身しか知り得ないため，検査者はその情報を教えてもらうことになる。お互いが知り得る情報を交換することで，検査者とクライエントは対等な立場になる。これによって，協働的なレポートの作成ができる関係性になれる。

　今回の事例のクライエントは，検査結果の特徴から連想されたエピソードや性格を挙げてくれたため，レポート作成のための多くのヒントをいただけた。さらにそのエピソードから，別のアイディアが浮かび，一方的なアドバイスだけでは辿り着けなかったような発想が出てきた。こういった点も協働的なやりとりだからこそ生まれるメリットであると感じた。

　ただしこのように連想的な話を進めていくと，時に話が広がり過ぎてしまい，出口を見失ってしまうことがある。今回も一つの特徴から多数のエピソードが飛び出し，どれも興味深いためについ横道に逸れることがあった（それはそれで面白いところではあるが）。

　このように脱線し過ぎてしまわないように，ある程度の筋道が必要であった。その筋道が最初に挙げた5つの特徴ということになる。5つの特徴は検査結果と聞き取りの様子などを考慮に入れて，検査者が決める。これが筋道となるのだから，適当に決めてはいけない。ただ，検査結果の特徴を示すだけでなく，クライエントの受検動機や現在困っていることに沿っているかどうかを確認する必要がある。また，検査以外から見られる情報，被験者の弱みと強みのバランスなど，他にも考慮する点はたくさんある。どのように設定するかがセンスの試されるところのように感じた。

　一方で，5つの特徴は協働のための筋道と書いたが，それに固執しすぎるとかえって協働の良さが失われてしまうことも考えられた。話し合いの中で，うまい具合に特徴（困りごと）に対して工夫できること（解決策）が見つかるとも限らない。実際に今回の事例でも，お互い「うーん」と膠着状態になってしまうことがあった。その「うーん」というなんとも解決し難い困った感じは，クライエントが日頃から抱えているものと想像できる。そういった場合，無理やり答えを出すよりも，一緒に困った感じを共有する方が大事な時もある。しかし，このまま終わるのも気持ちが悪いので，「とりあえず」というくらいの

気持ちで着地点を決めれば良いと感じた。今回の事例では，「とりあえずこの辺りにしときましょうか」というお互いの共有できる感覚があったように思われた。それも協働的な雰囲気の中でこそ感じられたものなのかもしれない。

WISC-Ⅳレポート

Ａ　さん　　　11 歳　　3 ヶ月　　生年月日　＊年　＊月　＊日

検査者：　林　　　　　実施日　　＊年　＊月　＊日

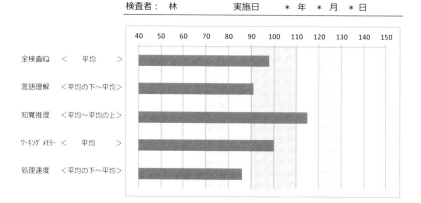

	40	50	60	70	80	90	100	110	120	130	140	150
全検査IQ　＜　平均　＞												
言語理解　＜平均の下～平均＞												
知覚推理　＜平均～平均の上＞												
ワーキング メモリー＜　平均　＞												
処理速度　＜平均の下～平均＞												

検査からわかる特徴	言葉で説明することが苦手。言葉の理解が曖昧なところがある。
日常では？ 工夫できることは？	曖昧にしない。５Ｗ１Ｈを言語化する訓練。 何が嫌だったかを聞いてみる。
検査からわかる特徴	興味のあることに意欲的に取り組める。
日常では？ 工夫できることは？	料理（興味のあること）から広げてみる。 買い物から献立を考える等。
検査からわかる特徴	視覚情報を読み取り，処理することが得意。
日常では？ 工夫できることは？	視覚情報を活かした成功体験を積む。漢字を４年生の検定から やってみる。具体的なイメージを視覚化する。絵に描く。
検査からわかる特徴	複数の要素を記憶しながら作業することは苦手。
日常では？ 工夫できることは？	板書を書き写すことが負担。工程を減らす。 先生の話していることが聞こえていない可能性を考慮する。
検査からわかる特徴	集中を持続させることが苦手。
日常では？ 工夫できることは？	集中するための動機づけ。自分で目標設定して取り組む。

宿題嫌い，料理が好きな小学5年生男児の事例への

コメント

隈元　みちる

Ⅰ．聞き取りの場面

　検査者と親子の出会いは，聞き取りの場面から始まる。Aくんは，聞き取りの場面でも「ゲームをしながら」である。それに対して母親は「慣れた感じで何度か注意するが，Aくんがリアクションしないので諦める」。聞き取り内容自体も重要であることはもちろんだが，このような親子の相互交流の観察は，検査者に多くのことを教えてくれる。この場合には，母親はゲームが聞き取り場面にふさわしくないことや，Aくんがゲームをやめることができることもわかっている（大人が話をするために，子どもにはゲームをしておいて欲しいと思うであろう場面もあることを想像すると，この母親の子どもへの期待の一端が理解できるのではないだろうか）。しかし，この場面では母親の声かけにAくんは反応せず，母親は声かけをやめる。この部分は，母親がAくんの気持ちとその行動を尊重した（「ゲームをやめることも出来るけれど，今はやめたくないのね」）ように，筆者には思われた。Aくんにとって，ゲームはこの場への自分のスタンスを決めるための防御壁として機能しており，それが尊重されたことは，逆説的にAくんのこの場へのコミットメントを増すことに繋がったようだ。ゲーム越しに母親と検査者の会話を聞き，そして検査者にも「声をかけると反応はしてくれ」，「最終的にゲームはやめて検査者の質問にも答えてくれる」。CFPは，親と検査者が「子どものことを一緒に考える」協働を目指すものだが，聞き取り場面のこのような親と検査者の態度によって，子どもにもそのことが実感され，子どもの協力も得やすくなるのでは

ないか，と考える。

　さて，聞き取りで語られたことからわかることとして，Aくんは家族と友人ら
との関係は良く，また「家庭科や図工が好き」と実際に手を動かしてものを
作ることが好きであろうこと，一方で「勉強が嫌い。時々宿題を忘れて先生
に怒られる（Aくん）」で「場にそぐわない行動をする。ゲームがやめられない。
集中できない（母親）」面もあることがある。検査者はいろいろな仮説や疑
問を持ちながら，このような話を聞いたであろう。実際に手を動かしてものを
つくるのは好き，ということと「勉強」や「宿題」の違いはなんだろう？　母親
がいう「場にそぐわない行動」とはどんなものだろうか―場面を読めないの
か，あるいは“場面に合う行動”を取りたい気持ちにならないのだろうか？
等々。これらの点については，検査の中で特徴として見られるかもしれないし，
あるいはフィードバックの時にさらに聞いていく必要があるかもしれない。その
ようなことを考えながら，検査実施に移っていく。

Ⅱ．検査実施の場面

　Aくんは，検査室に入ると「落ち着いて見えた」。これは，すべきことがはっ
きりしたからかもしれないし，母親から離れたから―思春期にさしかかった男
児である―かもしれない。検査を「早くやりたいと積極的な姿勢」が示され，
検査中も「得意な内容は楽しそう」な一方で「苦手な問題は自信なさげ」
であったという。まずは新奇の課題について積極的であることは，Aくんの大
きな力といえよう。

　どんな課題が楽しく，どんな課題が苦手だったのかと，検査の採点との
一致度も重要な指標になりそうである。また時間の経過によって集中力が
低下する様子も見られたことは，「勉強が嫌い」「宿題を忘れる」といったこ
ととの関連がありそうである。検査中にも，検査者はこのように様々な仮説
や疑問をたてながら，Aくんの様子を注意深く観察している。

Ⅲ. 結果の分析からレポートの作成まで

　さて，検査が終わったら，まずは標準的な手続きに従って，数値的な結果を算出する。ここでは先入観にとらわれない正確な仕事が求められる。子どもの検査時の様子や感想と数値的な結果に隔たりのある場合もあるだろうし，検査実施時の検査者の感触（「ここは難しそうだな・・・」等）が数値的な結果として表れる場合もあるだろう。それらの検査者の心の揺れも，日常生活とのすりあわせやその後の具体策の検討を行うための大きなヒントとなる。Aくんの検査結果は，聞き取りした日常生活の様子がそのまま反映されているような，得意と苦手が割合はっきりしたプロフィールになっているようだ。

　ここから，では何をどう伝えれば，Aくん親子の支援にもっとも繋がりそうか，を考えていくことになる。検査者は，聞き取りで語られたことや聞きとり時の様子も加味して，最初に「①言葉で説明することが苦手。言葉の理解が曖昧なところがある」を挙げることにしたようだ。5つの特徴の最初に「苦手なこと」を挙げる時には，それが参加者に既知のことであること（日常生活の困りごととして参加者が語っている，等）が望ましい。

　Finn（1996/2007）は，情報をレベル1：クライエントの考えを追認する所見，レベル2：クライエントの考えを修正したり強調する所見で，本人にとっての脅威とならない所見，レベル3：クライエントの考えとは食い違う所見，の3段階に分類することを提案しているが，どんなに検査者側が大事な伝えるべき状況だと考えても，受け手側に準備ができていない時には本当の意味で伝えたい内容が伝わることはない。フィードバックの中では，まずは受け手が受け取りやすく納得しやすい情報を選ぶことが重要であろう。ここでは，生活の困りごととして語られたことに繋がると考えられる特徴を最初に挙げることで，参加者に「このフィードバックは日常生活に役立ちそうだ」という感覚を持ってもらう効果があると考えられよう。

　次に，検査者が取り上げたのは，「②興味のあることに意欲的に取り組める」である。最初に苦手なことを挙げたので，次にAくんの素敵なところを指摘する，というのは面接が重たくなりすぎないための流れとして最適では

ないだろうか。ここで，母親に日常の様子を語ってもらえると，苦手なことへ得意なことを活かすといった具体策の構築にも役立ちそうである。さらに，得意なことの具体として「③視覚情報を読み取り，処理することが得意」を挙げている。得意なこととして，まず行動面からわかることを取り上げ，次にＷＩＳＣ-Ⅳの結果から導かれた具体的な特徴を挙げる，というのも自然な流れであろう。面接の流れによっては，②と③でそれぞれ具体策を考えるよりは繋げて話してもよいかもしれない。

　「④複数の要素を記憶しながら作業することは苦手」「⑤集中を持続させることが苦手」と，最後に苦手なところが続く。素敵なところ，得意なところを語った後なので，再度苦手なところを話しても，場が重くなりすぎず，より具体的なアイディアが出てくる期待がもてる。聞き取りでＡくん自身が語った「勉強が嫌い。時々宿題を忘れて先生に怒られる」ことに関連する部分と考えられるため，是非とも面接で取り上げたいところである。

　フィードバックの参加者が親である場合，まずはＡくんが勉強が嫌いなことや宿題を忘れることは，Ａくんの怠慢ではなく，苦手さからくるものであることを検査結果を用いて理解してもらえるよう伝えることが重要であろう。その上で，叱って改善するというものではないために，どのような方法をとればＡくんにあった形で取り組めるようになりそうかを考えたい，と提案していくことが望まれる。なによりも，Ａくん自身が「困っている」と言っているのだから，大人たちはなんとかその困りごとを解消できる手立てを考えてみる必要があろう。（もちろん，ここでＡくんと一緒に考えてみる，というのも一案である。）

　レポートの作成時には，このように数値的な検査結果に留まらず，聞き取り内容や検査時の様子も加味しながら，何をどのような順番で伝え協議することが，よりこの親子にとっての支援になり得るかを考えていく。そして，それをレポートに落とし込み，さらに検査者としての具体策を幾つか考えておく必要がある。

　この「具体策を考える」部分は，多くの心理士が所見を書く際に「○○のような支援が望まれます」と書く部分になるかもしれない。ただし，ここまで見てきたように，○○はテンプレート（例えば，「視覚的な情報を提示しま

しょう」等）ではなく，よりこの親子の日常に即したものとして考えておく必要があるし，フィードバックの過程で参加者からよりよい提案があれば（そして多くの場合，それが起こる），検査者の案を言わずにおいたり改変したりすることが望まれる（参加者の提案は，これから先の参加者への具体案を考えるときにも，重要なヒントや案になる）。

Ⅳ．フィードバックでのやりとり

このような丹念な準備をして，いざフィードバックに臨む。フィードバックへの参加者は母親である。この母親は，最初のフィードバック構造や数値的な結果の説明の段階から，質問や確認をするなど，フィードバックへの期待値が高く，積極的に参加しようという姿勢が見られる。参加者にこのような姿勢で臨んでもらえると，協働作業はスムーズに進む可能性が高くなる。

このような姿勢の背景には，もちろんこの参加者の普段の姿勢もあるだろうが，聞き取りや検査の中での検査者の態度がそれを後押ししたことは間違いないと考えられる（検査場面を母親は見ていないが，検査後の子どもの様子や感想から検査の様子を察することは容易に想像できる）。"協働"は第Ⅱセッションのフィードバックから始まるのではなく，初めて会ったそのときから始まっている，と考えることが肝要であろう。

さて，母親に数値的な結果を説明した後に日常の様子とのすりあわせをしようとすると，「処理速度の部分が苦手ということがどういうことなのかはまだピンとこない」と仰る。ここを丁寧に拾うかどうかがこのフィードバックの成否に関わっているといえる。幸いにもこの検査者は，処理速度と日常生活の関連が深い場面として，聞きとりでもでてきた「宿題の漢字の書き取り」をあげ，母親に日常生活との繋がりを感じてもらえるようにしている。

その結果，処理速度についてだけでなく「漢字の意味理解が不十分」という言葉の理解にも繋がる話題がでてきており，次の話題にスムーズにシフトできる下地ができたようである。検査者もこのやり取りで「起きていることを詳細にイメージすることができた」と書いているが，母親の疑問に答える

形で，結果的にはこのフィードバックで何をしようとしているのかということが両者にはっきりわかる良い例示となったのではないだろうか。

続けて，①「言葉で説明することが苦手。言葉の理解が曖昧なところがある」という特徴について話し始めているが，ここで母親がAくんの様子を話すのに応じて，検査者が母親の関わりについて質問をしていることは，その後の日常生活への具体策を考えるために重要な質問であったといえよう。この質問によって，Aくんの苦手さを共有するだけではなく，今後どのような関わりが可能で望ましいかということを，母親の日常生活にちょっとプラスする形でまとめられたのではないだろうか。

具体策を考える際には，この「ちょっとプラス」という点が肝だと考えている。これまでと全く違ったことには，人は誰しも取り組みにくいし，これまでの関わりを否定されたような気持ちになる可能性も考えられる。これまでの行動を肯定しながら，そこに少し付け加える形の具体策を協働して考案できれば，よりその具体策に取り組んでもらえる可能性が高まることが期待できる。

次の②「興味のあることに意欲的に取り組める」では，Aくんの料理好きのエピソードが語られる。筆者にとって，このような検査だけではわからない，その子ならではのエピソードを聞くことは，フィードバックの楽しみの一つである。その子の日常がより立体的に立ち現れ，私ができることは何だろう，とよりコミットメントが深くなるように感じられる。ここで，検査者は料理以外の話にも広げている。しかし，そこで語られたことは「興味のあることを他のことに結びつける」というここでの話題にふさわしいものではなかった。

では，この検査者の持って行き方は失敗だっただろうか？　筆者はそうは思わない。フィードバックをしていると，このように一直線に具体策にたどり着くわけではないエピソードが語られることも多い。しかしそれらを共有し，その子どもの有り様について検査者と参加者で共感し合うという時間は，フィードバック全体の質を豊かにし，CFPの目的の一つである「子どもを育てることへの希望の後押し」に繋がるのではないだろうか。

そしてさらに大事なのは，この場がフィードバックであるということを念頭に，

適切なタイミングで本来の話題─「興味のあることを他のことに結びつける」
─に戻すことであろう。初学者にはこれが案外難しく，参加者の話を聞き過
ぎてしまって，伝えるべき内容や考えるべき具体策にたどり着かない，という
ことも見られるが，この検査者は自然に話題を戻しているのは経験のなせる
技であろう。検査者が感想で述べている，枠に固執しないことが協働の良
さを守ることに繋がる，という指摘は，非常に重要だといえる。

　Aくんとご家族が，このCFPの体験をひとつのきっかけに，さらに楽しく生
きやすくなっていっていただければ，と願っている。

≪文献≫

Finn, S. E. (1996) *Manual for Using the MMPI-2 as a Therapeutic Intervention*；田澤安弘・酒木保（訳）（2007）MMPIで学ぶ心理査定フィードバック面接マニュアル，金剛出版

コラム：

検査内容をフィードバックでいかに伝えるか？

―わかりやすさと倫理的責任の間で―

稲月　聡子

　ウェクスラー式知能検査の実施にあたっては，心理検査使用者の責任として，記入済みの記録用紙を含んだ検査用具の機密を守り，適正な使用を守る専門家以外には検査用具を公開しないよう注意が促されている。また，結果の説明の際（つまりフィードバックの時に）具体的な検査項目を用いて受検者の様子を伝えることも，検査項目の露出に近いので注意しなくてはならないとされている（上野, 2012）。

　こういったことを聞くと，読者の中には"じゃあ，どうやって検査の時のお子さんの様子を，保護者に伝えればいいの？"と当惑される方もいらっしゃるのではないだろうか。もちろん，筆者もその一人である。なぜそう思うのかを考えてみると，"わかりやすく伝えたい"という気持ちから，具体例として検査項目をあげながら説明するとやりやすい，ということが，まずある。

　そして何より，フィードバックの要となるステップ 3「対処法とその汎用性のあるまとめの考案・記入」で，保護者と協働しながら対処法とまとめを考えていくにあたり，その前段階であるステップ 2「検査の結果の説明と親の実感とのすり合わせ」で，保護者にできるだけわかりやすく，子どもの実際の様子を思い浮かべながら結果を聞いていただいて，生活の中でみられる子どもの様子とすり合わせてもらうことが必要だから，というのが大きな理由である。"こういう検査をしている時に，こんなことをされていて，ああ，こうなんだなあって思ったんです"など，具体的な場面を通して，検査者の理解を伝えると，"家でも同じです，例えば～"と具体的なエピソードをお話してくださるなど，やはり保護者の反応も良好なことが多い。

　ただし，それが検査項目の露出となり，その後の検査結果に影響を与えてしまう懸念につながるのであれば，“わかりやすいだろう”と，受検者とその家族のことを考えて行った検査者の行動が，裏目に出てしまうことになる。多くの検査者が，このようなわかりやすさと倫理的責任との間で葛藤し，悩みながら，幾分の省略や抽象化を行いながら，検査時の様子を保護者に伝えているのではないだろうか。フィードバック面接に関する研究に伴い実施した講習会や研究会で，参加者から“検査項目にふれずにうまく説明できる言い方マニュアルがあるといいのに”というお話が出たこともあったし，筆者も本当にあればいいなあとも思う（読者の方にお願いできれば助かります）。

　一方で，“では，検査項目を具体的に挙げることで，私は保護者に何を伝えようとしているのか”を，その都度考えていくことが，やはり大事であるように思う。例えば，「類似」では，言葉の共通点を探して答えてもらうが，色や形など，見た目や細部などにこだわる子どももいれば，言われた言葉から連想されることを，自分の興味の赴くままに応えていく子どももいる。こういった場面について，検査項目を具体的に伝えないと，保護者にその子どもの特徴は伝えられないだろうか。全体と部分の関係でいうと，部分とか細かいところとかに注意が向きやすい，あるいは，刺激に対して次々に生まれる着想で，最初に聞かれたことからどんどん離れてしまう，といった特徴は，具体的な検査項目を用いなくても，伝えることができるかもしれない。そこで問われるのは，検査者が検査からわかった受検者の特徴を，どれだけ理解できているか，ということであろう。

　もちろん，検査項目を用いながら説明したほうが，保護者にはわかりやすい場面も多々あるだろう。しかしその場合にも，“検査項目に説明を頼っていないだろうか。私は，きちんと検査結果を理解できているだろうか”ということを自問自答してみることが必要であるように思う。その結果，やはり検査項目を用いなければ説明できないのであれば，なるべく影響を与えないような配慮をしながら，検査項目の特徴を伝えて説明することもあるかと思う。安易に検査項目に頼らない説明を心がけることが，毎日の臨床の中で，検査

者の責任として問われていることを，ここで筆者も含めて読者の方にも考えていただく機会となれば幸いである。

≪文献≫
上野一彦（2012），実施・報告の使用者責任と所見の書き方，日本版
　　WISC-Ⅳテクニカルレポート＃2，日本文化科学社

第3章

困りごとのない親子の事例

困りごとのない親子の事例

前田　暁子

参加者：Bさん　14歳3か月（中学3年生），女，同伴者：母
大学附属の心理相談室にて実施

1．第Iセッション（約90分）

1．聞き取り（参加者：Bさん・母親）

　検査者の質問には，主に母が答え，Bさんは母の隣で頷くのみだった。母子ともに現在困っていることはなく，家族との関係や友人，先生との関係について確認するも，目立った問題は生じていない。これまでにも特別困ることはなく，受検歴もなし。受検の動機については，母が「中学3年生になったため，結果が将来について考える材料になれば」と述べていた。検査を通して知りたいことについても同様であり，今後について考える材料になればと述べていた。得意な教科と苦手な教科はBさんが答えたが，得意な教科は答えず，苦手な教科は「国語」を挙げていた。理由としては「理由を書くこと？　主人公がどのような気持ちなのか書くのが苦手」と述べており，文章からその意図を読み解くことの苦手さがあるようだった。

　母退室後に，検査者よりBさんに再度検査を実施してもいいか確認すると了承された。続けて，母が述べていたことに間違いはないかと尋ねると頷いていた。

2．聞き取り時の様子

　母子ともに緊張している様子はあるものの，自然な笑顔が見られた。Bさ

54

んは，年齢相応な反応であると思われるが，母に連れてこられたという感じ
であり，受け身的であった。しかし，検査者の質問に対して戸惑いながらも
しっかりと答えている様子からは，Bさんの中にも「将来について考えるため」
に受検するという動機がしっかりと定まっているようにも感じた。

　また，検査日程を英検受験のために 1 度変更したことと，バスケ部に所
属していることを聞き，勉強や学校生活にしっかりと関わることができる子で
あるという印象も抱いた。

　「困っていることがない」と聞き，どのような点に着目して検査を進めてい
けばよいか，どのように解釈すればよいのか検査者は不安になっていた。母
子ともに困りごとが意識できていないのか，それとも本当にないのか，検査
時の様子や結果，フィードバック時に母から得られる内容からしっかりと見
極めていかないといけないなと感じていた。

3. 検査実施（参加者：Bさん）

　休憩をとるか途中で尋ねたが，「大丈夫」と言われ，休憩なしで最後ま
で実施した。最後の方はやや疲れているように見えたが，最初から最後まで
しっかりと集中できており，難しい問題でも諦めることなく考えられていた。

　受検態度として目立った特徴は見られなかったが，検査中に検査と関係
のないことは話さず，口数は少なかった。「単語」「理解」においてはしっかり
と話せていたことから，口数の少なさが生活に支障がでるレベルではないよ
うに感じた。また，「数唱」において，よく上をみていた。そのことに関しては，
検査後に確認すると「そろばんの珠を思い浮かべていた」と述べていた。

　検査の感想として，Bさんは「疲れたし難しかった」と述べていた。

Ⅱ．検査結果

1. WISC-IVの結果の整理と取り組みの様子

　全検査IQ100（90％信頼区間：95-105）であり，知的水準としては平
均の範囲にあった。各指標の合成得点は言語理解 97，知覚推理 98，ワー

キングメモリー97, 処理速度 107 であった。処理速度が言語理解, ワーキングメモリーの合成得点と比べて 15% 水準で有意に高かった（グラフは P63 のレポートを参照）。

　また, 各指標の合成得点を構成する下位検査間の差を見てみたところ, 10 検査平均と比べ言語理解の下位検査である「類似」が有意に低く, 処理速度の下位検査である「符合」が有意に高かった（15% 水準）。処理速度内では「符合」>「記号探し」＝「絵の抹消」であることが分かった。結果をふまえ, 抽象的思考が苦手であり, 曖昧な指示や自由度の高い課題では戸惑いやすく, 作業方法が明確であり, 攻略方法を掴みやすい作業だと高いパフォーマンスを発揮できると考えた。

2. 結果の分析と伝える情報の精選

　学校での適応もよく, 生活面での困りごとのない親子であり, 実際に検査結果は多くの指標が平均内にとどまっていた。そのような親子になにをフィードバックするか, どのような言葉を拾っておくか非常に悩んだ。また, 普段は報告書を読む人が結果と生活上の困りごとを繋げられるように, 報告書に解釈を抽象的にも具体的にも記載しているため, どのように特徴を一文にまとめれば, 伝わりやすく分かりやすいか非常に悩んだ。

　まず, 1つ目に検査時の様子から「集中力があり, 難しい問題にも粘り強く取り組むことができる」を取り上げた。2つ目には, 「やり方がしっかりと決められた作業を素早く処理することができる」を取り上げた。「符合」の得点が他の下位検査の得点より高いこと, 処理速度内でも差が見られたため取り上げた。Bさんは, 情報量が少なくやり方やコツを掴みやすい作業では高いパフォーマンスを発揮できると考えたためである。3つ目は「算数」の得点が 12 であり, 受験勉強に取り組んでいく際の自信に繋がるよう「暗算が得意」を取り上げた。

　苦手なことに関しては, 国語が苦手であるという訴えと「類似」の得点が他の下位検査の得点より低いことをふまえて, 「言葉の情報に基づいて考えること（推論）は苦手」を挙げた。また, 「類似」「絵の概念」の低さから,

抽象的思考の苦手さが伝わるよう「曖昧な情報を処理することが苦手」を取り上げた。端的に記載するということを意識すると，4つ目，5つ目の特徴は似ている特徴となってしまった。

　聞き取り段階で具体的な困りごとが出てこなかったため，抽象的な表現で特徴を取り上げた。フィードバック時に，抽象的な表現から母とBさんの特徴を深めていこうと考え，上述したような表現になった。

3．レポート作成―最終的に選んだ5つの特徴
①集中力があり，難しい問題にも粘り強く取り組むことができる
②やり方がしっかりと決められた作業を素早く処理することができる
③暗算が得意
④言葉の情報に基づいて考えること（推論）は苦手
⑤曖昧な情報を処理することが苦手

Ⅲ．　第Ⅱセッション（約50分）

1．フィードバック時のクライエントの様子（参加者：母親）
　検査が終わって約1か月後に，結果のフィードバックをすることになった。Bさんは，その日は部活動のため来られず，母だけが来談した。母は，検査や数値についての説明を受けると前のめりになっており，興味関心をもって聞いている様子が窺えた。現状，困りごとがないため，苦手な部分に基づいて生活上で困ることを見出すことは難しそうだった。

2．フィードバックでの実際のやりとりとその考察
　まず，手引きに従い，フィードバックの構造の説明を行い，全体の結果とそれぞれの合成得点の説明を行った。各項目について，質問や疑問点を母に確認したが述べられなかったため，5つの特徴の説明に移った。
　その後「言葉の情報に基づいて考えること（推論）は苦手」に基づき，母が話し始めた。

母　　　：確かに学校の科目として国語がちょっと苦手なところがあって，この辺，こういうことですよね？　言葉にするのが苦手？　違う？　なんだろう？

検査者：国語が苦手

母　　　：国語があまり，他に比べるとそんなに得意ではないかなとは思うところがあって。

検査者：検査実施の時も，作者の気持ちを考えるのが苦手だったりしますって確か。

母　　　：そうです。

検査者：Bさんは国語が苦手な理由を言われたりはしていますか。

母　　　：特にないんです。苦手というほど苦手ではないんですけど。得意ではないかなって。

　このまま国語が苦手なことについて話しあえばよかったが，「国語が苦手」について，「苦手というほど苦手ではない」と聞き，検査者が戸惑ってしまい話を深めずに話題を変えてしまった。フィードバック終了後に，検査前の聞き取り内容をふまえると，この点についてもう少し話し合っておくべきだと反省した。フィードバック時には P63 のレポートを持ち帰ってもらったが，それとは別に後日フィードバックで話し合ったあったことをまとめた報告書を作成し郵送した。その報告書には「国語が苦手」に対して，「テスト問題のパターンを把握することや，問題を解くために必要なキーワードやポイントを文章の中から掴むことを意識することが役立つと思われます。」と記載した。

　検査者は，もっと母が日常生活で困っていることを取り上げられたらと思い，Bさんが質問に答えることに時間がかかることや，会話のすれ違いが生じていないか，会話場面での困りごとはないか確認した。すると，母から「物事について説明することは苦手」という返答が得られた。

　　検査者：ちなみに，例えばどんなときに分かりにくいなって感じたり，最近でいう

　　　　　　　　と何言っているかちょっと分かりにくいなってありました？

母　　　：例えば，ドラマの話をしていて，今までのあらすじを聞いても「何？」ってなるような。

検査者：うまく順序立ててというか。

母　　　：そう。そういうのは苦手ですね。

検査者：同じものを見ていれば，こういうことかなって想像できますけどね。本人は結構もどかしいかもしれない。

母　　　：そうですね。それはあるかもしれないですね。なんで分かってくれないのみたいな。あと1個あったと思うんですけどね。ちょっと思い出せない。

検査者：こちらからちょっとアシストして，でも彼女にもちょっと話してもらってっていう感じが。もどかしいとは思うんで，もういいやって言うよりは，ちょっとアシストして彼女にもしっかり話してもらうっていうふうな工夫が必要ですかね。

　そして，レポートに工夫として「話しやすいようにアシストする」と記載し，後日郵送した報告書には「Bさんが話しやすくなるような声掛けをしていくこと，そして大人から語彙や言葉の遣い方を学習するため，自分の気持ちや考えを表現できる時間を今よりも長く確保することが有効かもしれません。」と記載した。しかし，もう少し母と協働して考え，「Bさんの興味のある話題について一緒に話す時間を設ける」などと，より日常生活に沿った具体的な方法を見出せればよかったと思う。

　その後も特徴に基づき，日常生活の話を尋ねた。①の特徴に対しては「宿題や受験勉強に集中して取組める」，⑤の特徴に対しては「同級生や姉の様子をみて，対処方法を獲得している」という話になり，レポートへの記載を行った。

　母の困りごとや日常生活の様子をうかがっていくと，母は姉とBさんの性格や特徴を比較して，以下のように話し始めた。

母　　　：この子に関しては本当に困っていることがなくて。普段は本当にすべ
　　　　　てをこの子に任せているというか。これがいいんだなって。本当に上の
　　　　　子（姉）と下の子（Bさん）の違いを見て思うんですけど。

検査者：本人に任せるっていうのが？

母　　　：うん。上の子はもうこうして，ああしてっていう親からの指示がいっぱ
　　　　　いあったんですけど，下の子に対してはできるからいいじゃん，やって
　　　　　ごらんみたいな。

検査者：（Bさんは）臆せず全然（やる）？

母　　　：そうですね。やってくれるので，これは親がいけなかったのか，絶対こ
　　　　　れ，育て方が違うよなと思いながら。

検査者：その子の性格とか特性によって，対応はどうしても変わるものだと思
　　　　　う。じゃあ，割と自立性が。

母　　　：そうですね。この子はいつ家を出てもいいかなっていう風に思える。

検査者：お母さん，かなり信頼されているんですね。

母　　　：そうですね。なんだろう。性格が上の子（姉）は私にそっくりで，この子
　　　　　は全然違うので，何か私，見てて羨ましいというか，楽しいんですよ
　　　　　ね。全然反応が，私の思ってた反応と違うことばかりするので楽しい
　　　　　んですよね。だから，「（私も）やってやって」ってなって。

検査者：例えば？

母　　　：本当に，自分で計画を立ててちゃんとやるっていうこともそうなんです
　　　　　けど，何だろうね。上の子はリーダーとか委員長とかやるのも本当に
　　　　　嫌がる，そんな人の前に出るのは嫌だよっていうふうで，すごい分か
　　　　　るんです，その気持ちも。人前に出るのすごい嫌だから私も。でも，下
　　　　　の子（Bさん）は「やってごらんよ」って言ったら，「じゃあやってみる」
　　　　　みたいな。

検査者：あんまり不安だったり怖くなったりとかっていう感じもなく。とりあえず
　　　　　やってみようって感じなんですね。

母　　　：そう，すごく繊細な子だとは思うんですけど，でもちゃんと上手にやっ
　　　　　ていくんですよね。

　母はBさんについてはきはきと語っており，内容からもBさんと関わる楽しさを感じていることが伝わってきた。検査者も母がどのようにBさんを見ているのか，どのような楽しさを感じているのか聞きたいと思っていた。

　その後，検査結果をふまえ，他に聞いておきたいことはないかと確認すると，母から「向いている職業は分かりますか」と質問がでた。検査者は，職業までは分からないが，②の特徴をふまえ，コツコツとできる作業的な仕事では高いパフォーマンスを発揮できると伝え，終了した。

Ⅳ．フィードバックの考察

　終了時に親と協働して日常生活でできる支援策を考えるという点に対しては手ごたえを感じられなかった。本事例は，困りごとがない被検者であり，母親も特徴に基づき日常での実感を見出すことに苦労していた。検査者自身も，苦手なことに対して専門家として何か支援策を述べないといけないという気持ちが強く，母に対して日常生活での様子については尋ねたが，支援策については投げかけることができていなかった。そのため，支援策に対して「協働」にならず，手ごたえを感じられなかったのだと思われる。また，当然のことではあるがCFPの構造であっても，支援策に関しては検査者本人の専門性が問われる。本事例も検査者がもう少し支援策を深めることができれば，より有意義なフィードバックになったかもしれない。

　それでも，CFPを用いることで，レポートの段階では抽象的な表現にとどめておくことができ，検査結果が独り歩きすることを回避できたと感じている。普段の臨床場面では，フィードバックの時間を 30 分しか確保できなかったり，そもそも報告書を渡すだけという背景もあるためだが，一方的に伝えそれに対する反応が充分に見られない。解釈が独り歩きしてしまっていないかと非常に不安になるが，本事例では普段よりもその不安は少なかった。

　また，普段のフィードバックをする際は，被検者や保護者の困りの程度が強いという影響もあり，得意なことと苦手なこと，両面を伝えるように意識し

ても，検査者も苦手な部分ばかりに着目してしまう。保護者も結果を聞いて落ち込んでしまうこともある。CFPを意識したことで，保護者や被検者と検査者は対等となり，フィードバックの時間は保護者や被検者と検査者が，被検者について一緒に考える場となる。だからこそ，本事例のように母が子育ての楽しさを話すことができたのではないだろうか。検査者も，普段より，検査結果を伝えることばかりに意識がとらわれず，被検者の日常生活の様子を聞き，被検者について理解を深めたいという意識が強くあった。保護者が被検者と関わる楽しさにも自然と着目することができた。本事例の保護者にとっても，被検者と関わる楽しさを改めて実感する場となっていたら幸いだ。

WISC-Ⅳレポート

Bさん	14歳　3ヶ月	生年月日　＊年　＊月　＊日

検査者：　　　前田　暁子　　　実施日　　＊年　＊月　＊日

	40 50 60 70 80 90 100 110 120 130 140 150
全検査IQ　＜　平均　＞	
言語理解　＜　平均　＞	
知覚推理　＜　平均　＞	
ワーキング メモリー＜　平均　＞	
処理速度　＜平均～平均の上＞	

検査からわかる特徴	集中力があり、難しい問題にも粘り強く取り組むことができる
日常では？	
工夫できることは？	宿題や受験勉強に集中して取組める
検査からわかる特徴	やり方がしっかりと決められた作業を素早く処理することができる
日常では？	
工夫できることは？	
検査からわかる特徴	暗算が得意
日常では？	
工夫できることは？	
検査からわかる特徴	言葉の情報に基づいて考えること（推論）は苦手
日常では？	物事について相手に分かりやすく説明することが苦手
工夫できることは？	Bさんが話しやすいようにアシストする
検査からわかる特徴	曖昧な情報を処理することが苦手
日常では？	
工夫できることは？	同級生や姉の様子をみて、対処方法を獲得している

63

心理検査報告書

氏　　名：Bさま・ご家族さま
検査目的：ご自身の得意・不得意を把握するため
検査場所：〇〇大学　心理相談室
実施検査：WISC-Ⅳ（ウェクスラー式児童用知能検査）
実施日：20XX 年 X 月 X 日
所有時間：2 時間，休憩なし
実施者：前田　暁子

　今回，Bさんには言語や図形などの様々な問題に取り組んでいただきました。この結果を同じ年齢の人の平均と比べて，何がどのくらい得意か，不得意かが明らかになりました。まずは検査中の様子と検査の詳しい説明を以下に示します。

〇検査中の様子など　現状困っていることはなく，検査は今後の将来に活かすために受けられました。休憩をとりませんでしたが，最後まで集中して取り組めていました。また難しい問題でも諦めることなくしっかりと考えられていました。数を覚える課題の時に上をみており，検査後にそのことについて尋ねると「そろばんの珠を思い浮かべていた」と言われました。検査の感想として「疲れたし難しかった。」と述べられました。

〇全般的な知能水準を示す FSIQ は 100 であり，「平均」の範囲に該当すると考えられます。
〇言語理解　語彙や社会的ルールは年齢相応に身についていますが，言葉の情報に基づき頭の中で考えること（推論すること）は苦手だと思われます。

○知覚推理　視覚的情報を処理する力は，同年齢の平均レベルです。身の回りの物の細部を記憶することは非常に得意であり，図形や立体を捉えること，視覚的情報の関係やパターンを把握することは年齢相応にできます。一方で，視覚的な情報に基づき頭の中で考えること（推論すること）はやや苦手だと思われます。

○ワーキングメモリー　聴覚的情報を記憶する力は，同年齢の平均レベルです。単純な耳からの情報を記憶する力や記憶した情報を頭の中で操作する力は年齢相応です。暗算は非常によくできていました。

○処理速度　単純な視覚的情報を処理し，素早く作業を遂行する力は，同年齢の平均レベルです。特に書かれていることを素早く的確に写す作業はよくできていました。情報量が多くなったり慣れない作業になると能力を発揮しづらくなるようですが，一度やり方やコツを掴めると上手く対応できることが多いと思われます。

【まとめと今後の工夫】　検査の結果とフィードバック時にお母さまと話したことをふまえ，Bさんの得意不得意と今後の工夫を以下にまとめました。

○推論することがあまり得意ではなく，特に言葉の情報に基づき推論することは苦手だと思われます。これらの結果をふまえ，日常生活において「文章読解が苦手」，「物事について相手に分かりやすく説明することが苦手」ということが生じているとお母さまとの話し合いから明らかになりました。また，検査結果からは提示された情報が曖昧だと，どのように処理をしていいのか困惑しやすいと推察されますが，お母さま曰く，困る時は友人や姉の様子からどのように動けばよいのか把握し対応できているようです。

○一方で，決められた作業を素早く処理することや暗算は非常に得意であり，一度やり方やコツ，方略を掴めると高いパフォーマンスを発揮できると推察されます。また，集中力もあり，難しい問題でも諦めることなく粘り強く取り組めます。これらはBさんの強みです。

○今後は苦手なことには得意なことを活かすことを意識されるとよいと思われます。

「文章読解が苦手」という困りごとには,テスト問題のパターンを把握することや,問題を解くために必要なキーワードやポイントを文章の中から掴むことを意識することが役立つと思われます。また「物事について相手に分かりやすく説明することが苦手」という困りごとには,Bさんが話しやすくなるような声掛けをしていくこと,そして大人から語彙や言葉の遣い方を学習するため,自分の気持ちや考えを表現できる時間を今よりも長く確保することが有効かもしれません。

　以上の内容は,検査結果から考えられる特性の可能性について述べたものであり,この結果がBさんのすべてを断定するものではありません。また,対応方法についても無理のない範囲でとり入れてもらえたらと思います。今回の結果が,Bさんを知る一つのヒントになり,今後の生活がより豊かになればと思います。

以上,ご報告申し上げます。

困りごとのない親子の事例へのコメント

隈元　みちる

Ⅰ．聞き取りの場面

　この事例は，多くの事例─日常における困りごとがあってその対処について相談したい，等─とは違った始まり方をしている。参加した母子ともに「現在困っていることはない」と言い，検査者が丁寧に聞き取りをしても，人間関係でも学業面でも特段の困りごとがあるとは認めにくい。強いて言えば，として挙げたのが，Bさんが国語で「主人公の気持ちを書くのが苦手」ということだ。この困りごとについて，どれくらいの重みを持っているのか─検査者に問われてひねり出した答えなのか，真に困っているのか─は慎重に検討する必要があるだろう。「困りごとがない」と話すBさん親子に対し，検査者の率直な戸惑いが記されていることは好感が持てる。このような検査者の心の動きは，解釈の大きなヒントとなる。聞き取りだけで早合点することは慎み，戸惑いは戸惑いのままに検査やフィードバックを通じてその答えを見いだしていこうとする姿勢が重要だと考えられる。

　さて，現状では困りごとのないBさん親子が検査を受けようと思ったのは，「中学3年生になったため，結果が将来について考える材料になれば」と考えたからだという。このような場合，あえて困りごとを探さずに，CFPの目的の一つである「子育てすることへの希望を後押しする」（ここでは将来のことを一緒に考える）ことが十分に達成できれば（他の目的が到達できなくても─必要がないのだから─）良しとすることも念頭に，その後の検査やフィードバックを考える必要があろう。

Ⅱ. 検査の実施の場面

　Bさんの受検態度は, 非常に統制されたものだったようだ。検査者と検査以外のことを話すことはなく, しかし課題についてはしっかりと答える様子が記されている。「疲れたし, 難しかった」と本人が言うように, 集中して出来る限りの力を発揮しようと取り組む姿勢が認められる。

Ⅲ. 結果の分析からレポートの作成まで

　結果を見ると, 聞きとりでの親子の発言と矛盾しない, 全体的に年齢平均的な力が示されている。プロフィールの中では, 処理速度の高さが特徴といえよう。また下位検査では「類似」の低さが見られたという。

　検査者が述べているとおり, このような「特徴の薄い」プロフィールでは, どのようなフィードバックをすればよいか戸惑う心理士は多いと考えられる。特徴的なプロフィールであれば, 伝えるべきことはすぐに見つかるし, また日常での困りごとにも繋げて考えやすい。一方で, このような「特徴の薄い」プロフィールであった場合, まずは原点—何のための検査なのか—に立ち返ることが, 検査者を助けてくれることになろう。何のための検査かについては, 一つは参加者にとっての意味であり, もう一つは検査者にとっての意味である。Bさん親子にとっての検査の意味は「将来のことを考える材料」である。そう考えると, 年齢平均的にいろいろな課題（少なくともWISC-Ⅳが測っているものについて）に取り組む力がある, ということは, 強調して伝えてもよいことであろう。それは受検態度としての「①集中力があり, 難しい問題にも粘り強く取り組むことができる」力が支えていると考えられる。この点を最初の特徴として挙げたのは, 親子にとっての検査の意味から考えても首肯できる。一方で, 検査者にとっての検査の意味は, 「心理支援の一つ」ということであろう。これをかみ砕いて考えると, 今回のフィードバックで心理士という人と出会い良い体験となれば「自分（子ども）のことを話すのは意味がある」と実感されるだろうし, さらにいつか困りごとが出てきたときに, 心理士という

人に相談するという選択肢を持ってもらえることになるだろう。フィードバックで「将来のことを考える材料」を提供しつつ，将来への種蒔きも行うことができれば，このフィードバックは成功といえるだろう。そして，このような考え方は，例えば困りごとは語られても，それが直接検査結果とは結びつかなかったという場合や，あるいは学校の先生に受けて来てと言われて来たけれども，ご本人たちは特に困っていないといった場合にも応用が可能であると考える。検査結果としてでなかったのに，無理矢理何かの所見を探したり，逆に「すべて平均で問題ないですね」というだけで終わったりせずに，その方にとっての検査の意味—受けてみてどうだったのか，受けて来てと言われてどう感じたのか—を話し合い，心理支援の入口（将来への種蒔き）をするというフィードバックの在り方というのもあるのではないだろうか。ともかくも，せっかく時間と労力をさいて，私たち心理士の前に来てくださった方々にとっての，何らかの意味での心理支援になるように，心配りをすることが重要であろう。

　さて，Bさんのフィードバックでは，続けてさらに得意な点「②やり方がしっかりと決められた作業を素早く処理することができる」を取り上げている。これは，「⑤曖昧な情報を処理することが苦手」と対をなすものであり，どちらかを話し合えば，自ずからもう一方のヒントになると期待できるものである。その後にもう一つ得意なこと「③暗算が得意」が挙げられ，続けて苦手なことが2つ抽出されている—「④言葉の情報に基づいて考えること（推論）は苦手」，「⑤曖昧な情報を処理することが苦手」。これらの苦手さは，Bさんが聞き取りで言っていた「主人公の気持ちを書くのが苦手」に通じるところかもしれない。しかし，この検査結果だけではよくわからない点もあり，フィードバックのなかで，例えば「主人公の気持ちがわからない」のは文章の読み取りの問題なのか，気持ちの読み取りが難しいのか，あるいは「書く」ことが苦手なのか，についてもう少し情報を得て，考えたいところとなろう。聞き取りで語られたことがどれくらい検査結果と結びつくものなのか，についても焦って結論を出さず，フィードバックのなかで考えることができることが，紙の所見を書く—検査者の思い込みになりかねない—こととの大きな違いといえ，

大事にしたい点である。

Ⅳ. フィードバックでのやりとりと報告書

フィードバックでは，構造と数値的な結果の説明に続いて5つの特徴について検査者が述べ，日常生活との繋がりについて母親に尋ねると，母親は④「言葉の情報に基づいて考えることが苦手」について最初に話し始めている。レポートとしては，①の特徴から並べられているが，いつでも①から始めるということではなく，このように話の流れにそって，どこからでも参加者が話しやすいところから始めるのが良いだろう。ここで④について言及されたのは，聞き取り段階のBさん自身の言葉とも呼応し，聞き取りの際の発言が検査者に問われて捻りだしたのではない，Bさん親子にとって考える意味のある特徴であったことがわかる。母親はしかし，「苦手」の詳細がまだ掴めていないようで一端話が終わってしまうが，検査者の日常生活の様子を聞き取るという機転により，話が掘り下げられていく。このように，抽象的なやり取りではピンと来なかった話も，日常生活のレベルに具体化することで，検査者にも参加者にもよりその特徴がわかりやすくなる，ということは往々にして起こる。話が詰まってしまったとき，実態がよくわからずにどのような支援が必要なのか考える材料が足りないときに，このような具体的な日常場面についての問いかけは有用である。

その後，①や⑤の特徴についても，話し合いを進めているが，このフィードバックでの出色は，Bさんについての思いを母親が存分に語った最後の部分であろう。フィードバックを通して，あまり口数の多くない母親であったが，この部分では，生き生きとBさんへの思いを語っている。このような思いは普段はなかなか他の人に話せるものではないかも知れず，今回のフィードバックで—Bさんが中学校3年生というタイミングで—母親のこの思いが言葉として紡ぎ出され，検査者と共有されたことは「子育ての希望の後押し」の一つとなったのではないか，と思われる。

さて，最後に母親から「向いている職業は？」との問いが出ている。これは，

「将来のことを考える材料」として受検したＢさん親子にとっては，当然の質問であろう。その点を重く見るのであれば，もう少し早い段階で検査者から言及できるとよかったかもしれない。検査者の言うとおりWISC-Ⅳで向いている職業を推定することはできないので取り上げにくかった面もあったのだろうが，最後ではあるがきちんと質問に応じ，わからないことはわからないとしながらも，言えることをお伝えできたのは良かったのではないだろうか。

　さて，本事例では，さらにフィードバック後に書面で郵送した「報告書」も添付されている。見ていただくと，多くの心理士が書いているであろう検査報告書（所見）に似ている部分もあれば，異なる部分もあることに気づかれるだろう。ＣＦＰでは，フィードバック時にレポートを作成する。それ自体が報告書も兼ねていると考えることもできるが，一方で「その場ではわかったつもりだったけれど，後から考えるとどういうことだったのかうまく思い出せない部分がある」と仰るクライエントもいるのが実情である。そのようなときに，この「報告書」が力を発揮する。前半部分はフィードバックではグラフを使って口頭で説明したものを書面化したものと考えるとよいと思う。「たしかにこういう説明だったな」とクライエントが確認できるように，なるべく平易な文章で書く。クライエントからフィードバック時に質問があり，付け加えた説明も記載することを忘れずにいたい。結果の部分の記載は，多くの検査報告書と大きな相違はないと考えられるが，特にクライエントの知りたかった内容について記載できる点がＣＦＰを行ったあとの報告書の強みであろう。後半部分は，フィードバック時に話し合った具体策をまとめ直したものとなる。この部分は，フィードバックをしないで書いた報告書とは大きく異なると考えられる。心理士からの一方的で画一的かもしれない「支援策の提案」とは全く異なる，協働の結果としての支援策が書かれることになる。より協働の成果だとクライエントにもわかるように，具体策が案出された経緯や具体的な情報を入れ込んで書くことが有用だと考えられる。そのことにより状況が変わった時にも応用しやすくなることも期待できる。（話し合った具体策も重要だが，具体策を創出する過程を思い出していただくことで，ほかの困りごとや状況に対してもクライエント自身が策を工夫できるようになることが期待できる。）この

ような報告書があることは，第一にはクライエントがフィードバックで話し合ったことを思い出し確認するために，そして第二にはフィードバック時のレポートだけでは第三者（例えば学校の教員など）にうまく結果を伝えられない時に大いに役立つといえ，積極的に活用することが望まれる。

　さて，本事例でのフィードバック時を振り返ると，CFPの目的の②特定の困りごとについての対処法を見いだす，③汎用性のあるまとめを行う，といった対処法に関わる部分については，大きな成果を実感できなかったようだ。レポートについても，支援策について記入されたのは5つのうちの3つに留まる。しかし，繰り返しになるが，心理支援の一環としての検査・フィードバックのあり方と考えたとき，検査者自身もBさんへの理解を深め，母親とBさんと関わる楽しさを共有できたことは，大きな意味があったのではないかと考える。実際に，この母親のフィードバックの満足感は高いものであった。心理士の仕事としてのフィードバックのあり方の一つとして，提示していただいたことに心から感謝する。Bさんの今後を想像すると顔が自然にほころぶのを感じる。Bさん親子のこれからを祈念して終わりとしたい。

コラム：

検査結果を"きちんと説明する"の先にあるもの

稲月　聡子

　発達・知能検査の受検目的は様々であるが，現状で困ったことがあって，手立てを考える参考にしたいという点は共通の場合も多い。こういった"子どもの困っていることを何とかしたい"ということが受検の目的である一方で，"うちの子は学校で色々できないことを先生から言われているけれど，家では特にそんな様子ないし，本当なのかしら。この子の能力の問題だけじゃなくて，学校の対応の問題もあるんじゃないかしら。それが検査でわかるかも"や，"どうもほかの子よりも苦手なことが多い気がして，心配。でも，検査を受ければ，子どもの得意なことを見つけてあげられるかもしれない"といった，保護者が期待されている答えを求めて，検査を希望される場合もある。そして，それらは保護者の表明されない，暗に期待されているものである場合も多いため，実施前に明確に受検目的として語られることは少ないように思われる。

　私たち心理職は，検査結果を伝えるにあたり，なるべく客観的に，そしてわかりやすく説明することを常に心がけている。そこには"きちんと説明しなければ"といった気持ちが常に動いているように思う。受検者の協力のもと得られた結果を，十全に生かしてもらいたいという素朴な思いもあるし，受検者に対する倫理的責任もあるので，心理職として抱く至極まっとうな気持ちだともいえる。ただ，"きちんと説明する"ことが，保護者や子どもの役に立つかは，また別問題である，ということも忘れてはいけないだろう。

　上の一つ目の例だと，もし学校から指摘されていたことが，子どもの抱えている課題によるものだと，検査結果からある程度わかったとして，それを丁寧に"きちんと説明した"としても，"結局検査でうちの子の問題だと言われた"という体験を保護者はされることもあると考えられる。保護者の生活の

中での実感（うちの子が困っている様子は家ではないのに）を否定されたようで，保護者は傷つきを覚えておられるかもしれない。このように"きちんと説明する"ことが，保護者やご本人のつらい体験になっては，検査を受けていただいた意味が幾分わからなくなる。フィードバックの際には，保護者のニーズはどこにあるのか，結果の説明に対する保護者の反応をみながら，何となく反応が曖昧であったり，不満げであったりしたとすれば，それはなにゆえなのだろうかと，その場の違和感に敏感でいることが私たちには必要だろう。そして，"ご家庭では特に困ることがないんだと思います。ただ，学校という集団では，特にこの難しさが強くあって，学校の先生も心配されているし，ご本人としても困っておられるかもしれません"など，保護者の実感は誤りではないし，学校から言われていることも誤りではないことを共有しながら，"学校にお願いできる工夫を一緒に考えてみましょう"など，学校と家庭とをつなぐような手立てを提案できると，学校も含んだ協働への足がかりになるかもしれない。

　また，二つ目の例だと，全体に検査結果が低い場合，得意なことが見つかりにくいこともあるかもしれない。そういう場合は検査者側も，保護者が気落ちされるのではないかと気になったり，求めておられたものとのギャップをどう共有して，今後の支援につなげていけばよいか悩んだりすることもあるだろう。そういったとき，私たちの強みとなるのは，行動観察の力だったり，リソースを見つけ提示していく力だったりするように思う。以前に発達・知能検査に関する調査を行ったとき（隈元ら，2021），検査者が「知能検査・発達検査施行の際に重視すること」として，分析の際に「行動観察を重視する」という項目が抽出された。この結果を見た時，"ああ，心理職はみんな，検査を行いながら，その子の特性について，検査の数値以外からわかることも，なるべく拾い上げようとしているんだなあ"と，なんだか励まされたような気持になった（だいぶん主観が入っていますが）。私たちが検査を通して受検者に教えてもらうことは，数値だけではない。集中力や粘り強さ，関心を持つ分野への熱い探求心など，数値としては把握できなかった子どもの強みが，行動観察の中で示されることも多い。それらも十分に活用しながら，

検査者自身が結果を悲観することなく，今後の手立てにつなげるように協働していく姿勢が求められるように思う。

　樋口（2021）は，「検査者は検査を実施するだけでなく，検査結果を子ども自身や子どもと関わる人たちに**腑に落ちるかたちで伝える**ことで，子どもと子どもに関わる人たちの橋渡しをすることが求められる（p.4）＊強調は本文のまま」と述べている。"きちんと説明する"を意識しながら，もう一歩進めて，保護者やご本人にとって"腑に落ちるかたち"がどこにあるのかを探りながら，フィードバック面接を進めていけるといいなあと思う。保護者と共有できるのが，検査結果の一部でもいいと思う。"きちんと説明する"にこだわらず，"腑に落ちる"ところを一緒に見つけていけるよう開けた態度で臨めることが，今の私の理想でもある。

≪文献≫

樋口隆弘（2021）子どもの発達検査の取り方・活かし方―子どもと保護者を支えるために，誠信書房

隈元みちる・竹内直子・石田喜子・稲月聡子・岡尾裕美子（2021）知能検査・発達検査の施行状況の実体と心理職の感じる苦労と醍醐味―関西圏の臨床心理士への質問紙調査から―，教育実践学論集，22，59-68.

第4章

小5女児同席でのフィードバック事例

小5女児同席でのフィードバック事例

山下美紀

参加者：Cさん，10歳11ヶ月，女，同伴者：母親
大学附属の心理相談室にて実施

Ⅰ．第Ⅰセッション（約90分）

1.聞き取り（参加者Cさん・母親）

1）受検の経緯，動機，これまでの受検歴

母：「特に今，困っていることや心配なことはないけれど，検査のお話をきいてよい機会だと思ったので」「これまでに知能検査を受けたことはないと思います」

2）現在困っていること，気になること

母：「大きいことはないですが，忘れ物はたまにあったり，片付けが得意ではないことですかね」

Cさん：「（困っていることや気になることは）ないです」

3）家族との関係や家での様子/友人・先生との関係や集団場面での様子

母：「私（母）が仕事をしておりあまり子どもとゆっくりする時間がないので，祖父母とすごすことが多いです」「学校では大きな問題なくすごしているようですが，把握できていない部分もあるかもしれません」

4）得意・好きなこと/苦手・嫌いなこと（学習面・日常場面）

母：「ニュースを見ることや時事に関する話をすることが好きなようです」

5）検査を通して知りたいこと

母：「子どもにどんな特徴があるか。どのようにかかわっていったらよ

いかを知ることができたらよいなあと思っています」

Cさん:「うーん（特にない様子）」

2. 聞き取り時の様子

　母はCさんに対して大きな困りごとはないものの，日常的にCさんとじっくりかかわるゆとりはない様子であった。また，そうであるからこそCさんの特徴やCさんに合った関わり方を知りたいという気持ちが伝わってきた。Cさん自身は，現状で特に困ったり気になっていたりすることは少なくとも意識されておらず，日々の生活をしっかりすごしている様子であった。

Ⅱ. 検査結果

1. 検査時の様子（約1時間）

　約束の時間通りに，Cさんと母が来所した。Cさんは，物静かで大人びた印象を受けた。待合室で二人にあいさつをすると，Cさんはひかえめににっこりと笑った。「今からCさんは別の部屋で検査をしましょう。お母さんはここで待っていてください」と伝え，検査室に移動した。

　検査室に入り，まずは＜Cさんはそこに座ってください＞と伝えた。今日は母からどのようにきいてきたか尋ねると，「なんか検査をするって言ってた」とCさんが答えた。＜そうですよ＞と伝え，①これからいくつかの課題をしてもらうこと，②そのことによってCさんがどんなことが得意でどんなことが苦手かなどわかるとよいと思っていること，③高校生もする検査なので難しい内容もあるかもしれないけれどがんばってほしいことを伝えると，Cさんはうなずいた。検査を始めると，Cさんはどの課題にも一生懸命に取り組んでいるように感じられた。終始落ち着いて席につき，適度な緊張感で検査を受けていた。途中，＜大丈夫？　疲れてない？＞と尋ねると，「大丈夫です」と力強くCさんが答えたため，休憩を取らず最後まで検査を実施した。

2. WISC-IVの結果の整理と取り組みの様子

検査結果は，全検査IQ125（90%信頼区間：114－124）となり，知的水準としては平均の上から高い範囲にあった。各指標の合成得点は，言語理解125，知覚推理は80，ワーキングメモリー126，処理速度132となり，知覚推理が他の三つの指標の合成得点と比べて有意に低かった（グラフはP91のレポートを参照）。

　また，各指標の合成得点を構成する下位検査間の差や特徴をみてみると，言語理解では（類似＜単語＜理解），知覚推理では（行列推理＜絵の概念＜積木模様），ワーキングメモリーでは（語音整列＜数唱），処理速度では（記号探し＜符号）と，それぞれ差があることがわかった。

　処理速度が最も高く，下位検査でも記号探しに比べ符号の数値が高かった。簡単な作業を素早くかつ間違えなくこなすことがとても得意だが，なかでもより情報が少ないほうが能力を発揮できることが推測される。次に高いのはワーキングメモリーであったが，語音整列の得点と数唱の得点に差があり，聴覚的にも情報が限られた状態のほうがより記憶の保持や再生がしやすいことが想定される。処理速度とワーキングメモリーが高い点から，集中力があり情緒的にも安定していると考えられた。ほぼ同程度に高い言語理解については，類似に比べ理解と単語の得点が高く，似通っていたりあいまいな内容の理解はやや苦手なのに対して，社会的な事柄に関心を持っていることや物事を論理的に捉えて整理することが得意なことが推論される。最も低かった知覚推理についてであるが，行列推理，絵の概念，積木模様の順に得点が高くなっており，視覚的に情報を整理したり処理したりすることは得意ではないが，形のあるものや具体的なものであれば，少しイメージしやすくなる傾向がみられた。

3．結果の分析と伝える情報の精選

　聞き取りの内容や検査時の様子から，母としてCさんについて気になることは多少あるが，心配は大きくないこと，Cさん自身は特に困っていることはないことがわかった。また，母子の状況から，日頃ゆっくりと二人の時間を持つことが簡単ではない様子が感じられた。重ねて，検査時の様子からも，C

さんはとても落ち着いてまじめに課題に取り組み，実際に能力もあることから，現実的にも大きな問題を抱えていることはないと予測された。半面，そのような母子の状況やCさんの特徴から，少しがんばりすぎてしまったり，たとえしんどくてもそれをまわりに伝えることを望まない可能性も，Cさんにはあるように感じられた。そのような点も加え，Cさんと母に検査の結果を伝えることにした。その際は，日頃の様子をCさん自身から聴きながら，親子相互の理解を深められたらと考えた。また，Cさんが過適応気味だと感じられた場合は，母とも状況を共有して，環境を見直すこと等で少しCさんが楽になれるようにしたいとも思った。そして最終的には，心配や困りごとがあったときに，母を含めた信頼できる人にCさんが話せるようになることをフィードバックの目標として，5つの特徴を選んだ。5つの特徴の順番は，まずは全体的な把握からイメージをしてもらい，その後得意なこと，苦手なことを伝え，最後に子どもの特徴であり，強みや魅力とも考えられる点について共有したいと考えて並べた。

4．レポートの作成─最終的に選んだ5つの特徴
①全体的な能力が高い
②特に簡単なことを短い時間集中してまちがいなくすることが得意
③目で見て理解したり考えたりすることは苦手
④内容が複雑になると力が出しづらくなる
⑤言葉をよく知っているだけではなく，社会のルールなども深く理解している

Ⅲ．第Ⅱセッション（約50分）

1．フィードバックの概要（参加者：Cさん，母親）

　検査が終わって約2ヶ月後，結果のフィードバックをすることになった。Cさんと母と一緒でも，母だけでもよいことを伝えると，母は「Cと相談します」といい，最終的にCさんと母が二人で来てくれることになった。＜久しぶりだね。元気だった？＞と声をかけると，Cさんは，少しはずかしそうに母のほうを見て

81

からうなずいた。Cさんと母に一緒に部屋に入ってもらい＜ここ，Cさんが検査をした部屋だね＞と伝えると「ああ」とCさんは思い出した様子で，少し緊張がほぐれた印象を受けた。＜今日は，検査の結果をお伝えしながら，Cさんやお母さんとお話していけたらと思っています。お伝えするなかで気づいたことがあったら，お母さんもCさんもどんどん言ってもらえたら＞と話し，内容に入っていった。

2. フィードバック時のクライエントの様子

　母や筆者が，フィードバックの内容やそこから連想された事柄について，疑問に思ったことやもっと詳しく知りたいと思ったことをCさんに質問し，それに対してじっくり考えた上で，言葉数は多くはないがCさんが答えるというやりとりを繰り返すことで，話が深まっていく印象を受けた。母はCさんの日頃の様子だけでなく，Cさんがどのように考えているかや，どうしてそう感じるのかについても思いを巡らせながら話を聴き，初めて知る内容に素直に反応しているように思われた。そのことで，話しやすい自由な雰囲気が醸し出され，Cさん自身も日頃何気なくすごしたり，そつなくこなしたりしてきたことを振り返ったり，自分のこととして捉える場になっているように感じられた。

3. フィードバックでの実際のやりとりと考察

　フィードバックでは，挨拶のあと検査結果の概要を説明した。Cさん，母親ともしっかりと集中した様子で聞いていた。

　次に，5つ挙げた特徴についての説明に移った。まず，特徴の5つを確認し，どの特徴から話し始めたいか，Cさんと母親に尋ねた。「どこからでもよいです」という回答だったので，特徴⑤「言葉をよく知っているだけではなく，社会のルールなども深く理解している」について話題にしつつ，特徴①「全体的な能力が高い」こととも結びつけ，日ごろの様子や思いを聴くことにした。

　　検査者：そういう興味関心（ニュースを見たり，そのことを人と話し

たりすること）もあるし，なおかつそれを大事にする環境が
あるのかなって，聴いていて思いましたけど。私はCさんが
少し話してくれたこととか，お母さんから聴いたことと，検
査の内容でしかわからないから，そうやって教えてくれると，
そうなんだって，そことそこが結びつくみたいな感じがある
んですけど，どんな感じですか？　全体的な能力が高かった
んですけど。今，学校や塾ではすごく頑張ってるんですか？

Cさん：今は一応頑張ってる。

検査者：くたくたになっちゃうようなことはない？

Cさん：たまに大量のプリントとかになると，死にそうなぐらい疲れ
　　　　ることがある。

母　　：塾？

Cさん：学校で，たまに。

母　　：宿題？

Cさん：宿題っていうか，普通に授業で計算プリントみたいな。

検査者：結構，熱心な学校なんですか？　学校によって違いますよね。

母　　：担任の先生によって。

検査者：やる気まんまんな人なの？

Cさん：やる気っていうか，ぱっぱ進めちゃって，あまり深い解説は
　　　　しなくて。

検査者：いっぱいやる方が大事みたいな感じになってる？

Cさん：そんな感じ。

検査者：それはついていくのに必死みたいな感じ？でも，Cさんでそ
　　　　んな必死だったら，みんなもたいへんだね。

Cさん：うん。

検査者：みんな疲れ気味かな。

母　　：疲れてる？　忘れてくる子とかいる？宿題。

Cさん：宿題？　わかんない。宿題チェックする人しか知らないじゃ
　　　　ん。

母　　　：宿題チェックする人は先生じゃないんだ。

　ここでは，検査場面までには語られなかった日頃の様子についてCさんから話を聞くことに注力した。母親もCさんの語りを興味深く聞いていたため，特徴から日頃の具体策を考えることよりも，Cさんの日常について，検査者が仲介役となり，Cさんと母親が共有できるような声かけをした。この後も，Cさんがニュースで気になることや，学校での人間関係などの日常生活の共有について話を続けた。

　次に，日常生活の語りの中でCさんが「勉強面が気になる」と言ったことを取り上げ，苦手な科目について尋ね，特徴③「目で見て理解したり考えたりすることは苦手」と関連づけ，できることを一緒に考えた。

　検査者：（科目は）なにが得意でなにが苦手かな？
　Cさん：得意なのは体育で，理科とかが嫌い。
　検査者：理科ってなにをやってるのかな？
　Cさん：もう終わっちゃったけど，前は胎児とかでその前がモーターとかの仕組み。
　　母　　　：電流？
　Cさん：電流。そんなの。電磁石。
　　母　　　：それって暗記じゃないの？覚えるだけっていう。理科って覚えるだけじゃないの？　ちがう？
　Cさん：でも，こういうときにどうすればいいですかみたいな。
　検査者：それってちょっとこれ（特徴③「目で見て理解したり考えたりすることは苦手」）に関係あるかもしれないので。
　　母　　　：ああ，目のところに。
　検査者：覚えるだけだったら覚えられるかもしれないけど，結構図って出てこない？
　　母　　　：まさに電流とか，電球と乾電池をつないで，直列とか並列と

　　　　か。

検査者：そういうときはどうしてた？

Ｃさん：そういうときはとりあえず書いて覚えて直感で書いてたり。

　　　　　　　　　　　　（中略）

検査者：おもしろいなって思わないとなかなかむずかしいよね。でも
　　　　そこで，なにかできそうなことはないですか？

母　　　：事務的な作業はできるし，耳から聴くことは得意なんだもん
　　　　ね。でも，目で見ると。だから電流も耳で聴いたら？

Ｃさん：音？

　　　　　　　　　　　　（中略）

母　　　：言葉で言ってくれれば耳に入るわけじゃない。教科書だけ見
　　　　てると耳じゃないから，目で見なきゃいけない。でも，それ
　　　　を誰かが話してくれて，それを聴くことだったら頭に入りや
　　　　すい。Ｃはそこの能力が高い。耳から入ってきた情報は長け
　　　　ているから，そっちにすればいいんじゃない。勉強方法を。

　ここでは，3人で理科の学習方法について，目からではなくＣさんの得意
な耳からの情報として取り入れることは出来ないかと話し合った。次に，筆
者が，このことを聞き取りで母親が「日常で困っていること」として挙げてい
た片付けの難しさや忘れ物に繋げて話をした。

検査者：情報，図や字が細かくていっぱいありすぎてということが起
　　　　きていたら，自分でシンプルにまとめる。ポイントにしぼっ
　　　　て書き直したり，隠したりする方法もあるかもしれない。（中
　　　　略）今，思い出したけど，それって忘れ物や部屋の整理など
　　　　にも通じることかもしれない。

Ｃさん：掃除とか，整理とか苦手。

母　　　：物が多い。目に入ってくると，いっぱい物があるよね。

Ｃさん：物を捨てれない。

母　　　：そういうことですよね。物が多いんだよね。いっぱいあちこ
　　　　　ちにあって，いっぱい入ってくるんだよね，情報がね。

検査者：それはなにかできそうですか？　物が多いことについては。

母　　　：一気に捨てちゃったりなくしちゃったりしたほうがいいん
　　　　　じゃないのかな？

Cさん：だけど，捨てて後悔することも。

検査者：たしかにある。

母　　　：目に入らない，別にこれだけあるけど，あえて半分隠して自
　　　　　分に情報が入らないようにすれば，ここに集中できるわけだ
　　　　　から，全部表に出てないで，押し入れにしまうとか。そした
　　　　　ら捨ててはないよ。

Cさん：だから今，いろんな物，押し入れに詰め込んでる。

検査者：もうすでにやってる。

母　　　：押し入れにできるだけ。今，全部見せる収納になってしまっ
　　　　　ているのであれば，全部見えているのであれば全部，捨てら
　　　　　れないものは全部隠しちゃう。そしたら，日々絶対忘れちゃ
　　　　　いけないものだけは見えてるよね。

検査者：できそうですか？

母　　　：そしたら忘れ物減らない？

Cさん：ランドセルとか，持ってく物を，そもそも玄関に持っていけ
　　　　　ばいい。リビングに置いておく。

　Cさん自身も掃除や整理が苦手なことを自覚しており，現在の対処法に
ついて共有し，何が有効であるかを考えた。それについて，母もアイディアを
出すが，最終的にはCさんが自分のやりやすい方法を考案した。

　ここまでで，フィードバックも終盤に差し掛かったため検査者が気になっ
ていたCさんの感じているしんどさについて言及した。

検査者：Cさんは本当にがんばっていると思うし，でも正直ちょっと
　　　　しんどいところもありそうだなっていう感じがあったんで
　　　　すけど，どうですか，そこは。

Cさん：もちろん嫌いなこともあるし，好きなこともあるから。

母　　：しんどい？

Cさん：しんどいこともある。

母　　：そういうのって，日ごろからあんまり聴けてないですね。出
　　　　さないし，どんどん丸く収めて。

　Cさんの同世代とは分かち合えないしんどさについて，大人のサポートを
得るという選択肢もあることを3人で共有した。そのあと最後にフィードバッ
クの感想を求めた。

検査者：全体として，他になにか聞いておきたいことは？

Cさん：特にないかな。

検査者：お母さんはいいですか？

母　　：はい。普段思っていたこととかが，いろんなとこで出てきた
　　　　なっていうのがあるし，半分以上は全然知らなかったことだ
　　　　し。こんな風に自分で思ってたんだっていうのも初めてです
　　　　ね。

検査者：そして私からは，本当に力があるお子さんだと思うので，ど
　　　　んどん伸びていってほしいと思うけど，たぶんあんまりまわ
　　　　りに言わないでがんばっちゃうタイプだと思うので，たいへ
　　　　んなときは人に言うだけじゃなくて，自分がリラックスでき
　　　　る方法や好きなことをしたりして気を抜くこともしてほし
　　　　いなと思います。

Cさん：はい。

最後に，フィードバックのまとめとして検査者から今日のアイディアを試してみてほしいこと，大変な時にはいろいろな対処法も選択してみてほしいことを伝えて終わりとした。これらの会話をしながら出てきた事柄について検査者がレポートに書き込み，Cさんと母親に渡した（P91）。

Ⅳ．フィードバックの感想と考察

1. 検査者の感想と考察

　これまで，フィードバックをする際は，子ども（が多いが時には大人）が背負っている荷物をおろせたり，これから歩む道を少しでも意味のあるようにできたらという思いがあった。また，検査によって子どもの得意なことや苦手なことなどが明らかにでき，その上で日常のありがちな場面も想像できるという経験をしてきた。同時に，検査だけではありのままの子どもの姿を理解できていないのではないかという，考え方によっては相反する思いも強くなっていた。そのため，子どもを様々な面から知ることができるようにテストバッテリーを組み，子どもや子どものまわりの大人たちに実際の生活の様子や困りごとを聴き，より現実に近いイメージをふくらませられるよう心がけてはいた。ただ，「私は検査でかかわらせていただいただけなので」，「一番よくわかっておられるのは〇〇さん（子どもや親などフィードバッグの相手）なので」と伝えながら，検査で十分に理解できていない部分を言い訳しているような，なんとなくすっきりしない思いも抱いていた。また，検査とフィードバックのみというかかわりになる場合には，心理療法など継続的な流れのなかでのクライエントとのかかわりを，検査とフィードバックという小ぶりな器に，きゅうくつに詰め込んでしまっているような気持ちもわいていた。そして，限られた時間のなかで欲張りすぎてしまっているために，本当に子どもにとってすべきことができたのだろうかという疑問が，いつも心の片隅にあった。

　そんななか，今回 CFP にもとづき，検査を実施してフィードバックするという機会をいただき，日頃フィードバックの際に感じてきたことが整理され，とても心強い気持ちになった。なぜなら，当事者である子どもと子どものまわりの

大人に日常の様子を教えてもらいながら，実際にできそうな対応や方法を
みんなで一緒に考える作業に大きな意味があると再確認できたからである。
さらにその作業は，『自己のこと，自分の子どものことがわかる，ということ，
そしてそれを誰かと共有することは心理療法が行っていることであり』と
CFP の手引きにも書かれている通り，セラピストが継続的に行うかかわりを
ぎゅっと凝縮した存在となりえることを，しっかりと実感できたからである。

　今回筆者の行ったフィードバックは，偶然のなりゆきではあるが子どもも一
緒に行うことになった。しかし改めて考えてみると，これまで行ってきたフィード
バックのなかで，相手にこちらの思いが伝わったかなという感じや，すべきこ
とが少しはできたかもしれないという手ごたえを得られたのは，子どもが一緒
の場面が多かったように思う。その理由は，普段の子どもの様子や思いを最
もよく知っている子ども自身がその場にいてくれることが大きいと思われる。
そして，フィードバックのなかで，相互作用も生まれることによって活発なやり
とりができ，より具体的で実現できる可能性の高い対応や方法を見つけら
れるからだと考えられる。半面，子どもも一緒だからこそのむずかしさももちろ
んある。まずは子どもに届く言葉や雰囲気での，繊細でていねいなやりとり
が求められる。そのために，フィードバックの目的と伝える内容をしっかりと決
め，想定される流れを予測し臨むこと，それとともに，それぞれの関係性をて
いねいにみながら，前向きな話し合いができるよう柔軟かつ臨機応変に進
めることを両立させる姿勢が必要だと感じた。

　今回のケースは，母が毎日忙しいこともあり，日常どのように子どもがす
ごし，どんなことを感じているかをくわしく知ることがむずかしい様子だった。
ただそうであるからこそ，子どもを理解しようという強い思いもあった。そう
いった背景もあり，子どもに関心を持ち，子どもが関心を持ってもらうことに
よって，結果として子どものことをより深く知るといった，フィードバックの検査
結果を伝えるだけでない要素が自然に強調されたように感じられた。そして
その，関心を持つ一関心を持ってもらうこと自体が治療的であり，フィード
バックをする上でとても大切な要素であると身をもって感じた。実際に筆者
も話を聴いたり質問をしながら，Cさんのことをもっと知りたいという思いがど

んどんわいてきた。Cさん自身から普段の様子を教えてもらう場面も何度か
あり，そのなかには母も初めて知るエピソードや気持ちも含まれていたのが
印象的であった。

　結果として，筆者が書いた結果シートを子どもと母にみてもらうかたちに
なってしまったが，話したり聴いたりを繰り返し，ときには言語以外のものも
交換しながら，あいまいだった部分の隙間を埋め，奥行きを見出していくよ
うな感覚があった。そして，フィードバックにおけるCさんと母の作業を通して，
ぼんやりとしていたCさん像が形作られたように感じた。これからのCさんの
日常を，一緒に考えた方法を試すことで作り上げていくのはCさんであり，
母である。今回のフィードバックが，CFPで掲げている目標のうち「1.検査
結果について話し合い，（親の）子ども理解を促進させる」および「4.親が
主体的に子どもの特性を理解し，子どもと共に歩むことへの希望を後押し
する」について，少しは役割を果たせていたら幸いだと思う。特に1.につい
ては，母だけでなくCさんが自身を理解する機会になってもらえていたらうれ
しい。

2. 保護者の感想

　母から「ひとりで考えて子育てしているので，なにが正解かいつも不安で
います。こうやって第三者の方に日常とはちがう角度で関わっていただけて，
冷静に子どもと向き合えました」という内容の感想をもらった。Cさんは，現
在中学生になり，部活動や委員会活動に励んで元気にすごしているという。

WISC-Ⅳレポート

C さん	10 歳　11 ヶ月	生年月日	＊年 ＊月 ＊日

検査者：　山下　　　　　実施日　　　　＊年 ＊月 ＊日

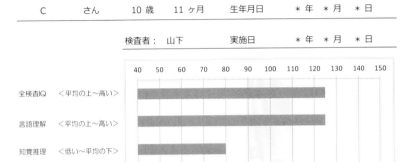

	40	50	60	70	80	90	100	110	120	130	140	150
全検査IQ　＜平均の上～高い＞												
言語理解　＜平均の上～高い＞												
知覚推理　＜低い～平均の下＞												
ワーキングメモリー＜平均の上～高い＞												
処理速度　＜高い～非常に高い＞												

検査からわかる特徴	全体的な能力が高い。
日常では？ 工夫できることは？	・Cさん：話して楽になることはない。いつも会っていない知らない人とは話しやすい。 　　　　　知っている人だと気をつかう。 ・母：母には話さないが、ママ友には話す。 →ママ友など、Cさんが話しやすい相手と話せる機会をつくる。
検査からわかる特徴	特に簡単なことを短い時間集中してまちがいなくすることが得意。
日常では？ 工夫できることは？	・Cさん：ゆったりとする時間はあるが、ささっと簡単にすませてしまう。 　　　　本気を出したらできるし、たまにもっときれいにやろうと思ったりする。 ・母：字の消し方などが雑で、「何を急いでいる」と先生に言われる。 →Cさんが本気を出せることを見つける→中学受験をがんばる。
検査からわかる特徴	目で見て理解したり考えたりすることは苦手。
日常では？ 工夫できることは？	・Cさん：理科（電流や胎児）が苦手。とりあえず書いておこうと思う。 ・母：Cと同じ。片付けが苦手で忘れ物も多い。 →目で聴いて覚えたり、読んで理解する。　　　　　重なる
検査からわかる特徴	内容が複雑になると力が出しづらくなる。
日常では？ 工夫できることは？	→物が多いため、日頃使わないものは押し入れにしまう。 ・学校で使うものは玄関に置くようにする。 ・ホワイトボードを使って忘れ物を防ぐ。
検査からわかる特徴	言葉をよく知っているだけではなく、社会のルールなども深く理解している。
日常では？ 工夫できることは？	・Cさん：学校で言い合いにはなるが、あまりぶつからない。 ・母：まわりの子が、Cの勢いに引いてしまうことはある。家ではあまり話さない。 →母に話せるときは話す。難しい時は、学校や塾の先生など話しやすい大人に話す。

小5女児同席でのフィードバック事例へのコメント

隈元　みちる

Ⅰ．聞き取りの場面

　聞き取りの場面を読んで，この親子の心理アセスメントのニーズはどこにあると皆さんは思われただろうか。筆者は，母親の「（Cさんに）どのようにかかわっていったらよいかを知ることができたら」という言葉と，その裏にある忙しくてなかなかCさんとかかわる時間がとれないという状況を知り，母親はこの面接をCさんとのかかわりのきっかけにしたいのではないか，と考えた。一方で，Cさんは困っていることは特にないことからも，この時点でのニーズはそれほど高くないと考えられる。聞き取りの段階で母親に関わりのきっかけとなる情報が検査から得られる可能性が高いと考えられることを伝えることは，母親の安心感に繋がるだろう。そして，母親のこの面接への意欲と安心感は必ずCさんにも伝わっている。

　語られた内容でまず目を引くのは，忘れ物と片付けが得意ではないということであろう。小学校5年生の女子というと，思春期にさしかかってきて洒落っ気がでてきたり，仲間内の言動からの影響が大きくなったりしてくる時期であろう。忘れ物や片付けの苦手さはそこにどんな影を落としているだろうか。あるいは，もちろん，母親の要求水準が高く―誰でも忘れ物はするし，大人ほどには上手に片付けられないこともある―，Cさんの現状がそれに達していない，というだけかもしれない。このあたりは，忘れ物や片付けられなさの頻度や具体例を聞いてみたり，Cさんに「困っていることや気になることはない？」と聞いた後に「お母さんは忘れ物や片付けのことを仰ったけれど，Cさん自身はそのことで困っていたりするかな？」と聞いてみるのも一つの方法かもしれない。

　さらにもう一つ「ニュースを見ることや時事に関する話をすることが好き」

という言葉も目をひく。Cさんはそれを誰と話しているのだろうか。フィードバック面接終了時までにぜひ話題にしたいCさんらしさであるように思われる。

Ⅱ．検査実施の場面

　さて，聞き取りの後，母子分離してCさんと検査者は検査室に入る。筆者がこの検査者が素敵だと思うのは，Cさんに対してここでもう一度検査の概要と意図の説明，そして難しい内容もあること（間違えることは普通であり，失敗しても大丈夫であること）を丁寧に説明しているところである。概要と意図の説明はCさんに検査やフィードバックの見通しをもたらすだろう。さらに，筆者は問題の難易度を伝えることにも意味があると考える。ウェクスラー式の知能検査は，回答が出来なかったり間違えたりすることが続くと課題を打ち切る作りになっている。筆者は出来るだけクライエントに「出来なかった」と落ち込んでもらいたくない気持ちが出てしまって，課題の終わりには「最後の方は難しかったけど，よく頑張ったね。では次に行きます」といった声かけをしてしまう。あるいは本人が誤答に気づいていないときには，こちらもなるべくそれまでとトーンを変えずにいようという意識が働いたりする。しかしそれでも，検査全体を通しては，やはり出来なかったり誤答したりしたことにクライエントが気づく場面がある。そのために，このように前もって「難しい問題がある」ことを伝えておくことは，いざそのときに失敗としてではなく挑戦を称える方向の声かけを検査者もしやすく，クライエントもその声かけを受け取りやすいのではないか，と期待している。

　検査が始まると，聞き取り段階ではあまりニーズが高くないと考えられたCさんだが，一生懸命取り組む様子が見られている。検査者とのやり取りの中で，このアセスメント面接へのコミットメントが高まったこともあるだろうし，何よりこのような課題に取り組むことを楽しめる力のある方なのだろう，と思える。

Ⅲ.　結果の分析からレポートの作成まで

　検査が終わると、まずは数値的な結果について正確に算出することが求められる。検査時の様子から予想された通り（あるいはそれを上回って）全体に高い得点となっている。一方で、知覚推理の落ち込みは非常に大きいといえる。聞き取り時に母親が言っていた忘れ物や片付けの苦手さは、この部分と大いに関係がありそうである。検査においては、具体的にどの部分でどのような誤答や失敗が見られたのか、詳しく検討したいところである。どんな誤答や失敗があっても、もちろんWISC-Ⅳの一度だけの検査で「だからこのようなことが苦手だ」と決めつけることはできない。しかし、双方向でやり取りのできるフィードバック面接―CFP―では、検査者の仮説を日常と照らして考え、精緻にすることが可能である。検査者が考察しているように、視覚情報でも具体物が目の前にあり実際に手を動かして作業できると―処理速度は高い―考えやすくなるのかもしれないし、一方で目の前にない情報についてある情報を使って推察したり予測したりすることは苦手なのかもしれない。これらは仮説なので、フィードバック時に確かめてみる必要があるだろう。そして、視覚的な情報から推察したり予測したりすることが苦手だとしたら、日常生活ではどのような不便さが予想されるだろうか。その不便さを補うために、どんな方法が考えられるだろうか・・・。この段階では答えを決めてしまわず、いろいろな可能性を視野に入れて考えておくことが、より豊かなフィードバックに繋がるだろう。

　この面接の特徴的な点は、結果の分析の時点でフィードバックにCさん自身も来ることがわかっているという点であろう。そのため自ずと親のみを相手にしたフィードバックとは内容も順番も異なってくる。Cさんはフィードバックに何を期待してきてくれるのだろうか、あるいはこの親子への心理支援として検査者が最も役に立てるのはどの部分だろうか。検査結果の分析が終わった後、再度その点を考える必要がある。この検査者はその点を十分に理解しており、フィードバック面接の主要な目標を「親子の相互理解を深めること」「Cさん自身が母親や周囲の人に困りごとを話せるようになること」とし

ている。検査結果だけを見ていたのでは出てこない，Cさん親子と対面しその様子を間近に観察したからこそ出てくる目標であるといえよう。

　ではどのような内容を特徴として選び，どのような順番で並べると，この目標が達成できるだろうか。検査者はまず，「①全体的な能力が高い」ことを挙げ，次に「②特に簡単なことを短い時間集中してまちがいなくすることが得意」とポジティブな結果を並べている。親子の会話を滑らかにし，面接場面の緊張を解くことのできる並び順であるといえよう。「ニュースを見ることや時事に関する話をすることが好き」というCさんらしさに関連すると思われる「⑤言葉をよく知っているだけではなく，社会のルールなども深く理解している」もこの並びにあってもよいかもしれない。このあたりは事前に検査者が考えた並び通りに会話が進まないことはしょっちゅうではあるため気にしすぎなくてもよい，とはいいながらも，様々なシミュレーションをしてみて，検査者がしっくりくる流れで順番を決めればよい。

　「③目で見て理解したり考えたりすることは苦手」は，検査結果をみると，ぜひとも取り上げたいと思う特徴ではある。ただし，ここでは検査者の自制も必要である。その特徴を，Cさんはどれくらい知りたいと思うだろうか。伝えたときに，混乱や反発は起きないだろうか。ただ，Cさんの場合は，聞き取り時に母親が呼び水─忘れ物があり片付けが苦手─を語ってくれている。フィードバック時には，そこと関連付けて話すことで，受け入れやすい（「確かにそうかもしれない」）情報になることが期待できる。このあたりの押し引きは，臨床面接の感じに非常に似ているといえよう。もし，クライエントがすぐには受け入れにくい情報だった場合には，まずは受け入れやすい情報から伝えて関係を作ることを重視し，継続的な支援を用意する，といった選択肢も視野に入れる必要があろう。また，「④内容が複雑になると力が出しづらくなる」も，苦手な部分として書かれてはいるが，この特徴についてはむしろ「先に情報を整理する」や「焦らずに取り組める環境を作る」等，日常生活でできそうな支援策が出やすいものであろうと考えられ，「具体策を協働的に考える」ことを実感しやすい特徴といえるかもしれない。

　ともあれ，このフィードバックの目標は「親子の相互理解を深めること」

95

「Cさん自身が母親や周囲の人に困りごとを話せるようになること」である。一つ一つの特徴や具体策作りにこだわりすぎるよりは，親子の会話を促進し，時には通訳するような関わりが検査者には求められるだろう。

Ⅳ．フィードバックでのやりとり

　フィードバックには，母親と相談しCさんも来てくれることになったという。やってきたCさんの様子を見ると，最初の出会いの時よりもリラックスしているようだ。自然と，ぜひこのフィードバックを（親だけではなく）Cさんにとって意味あるものにしたい，という気持ちになる。

　検査者は，面接の目標を念頭に「Cさんに教えてもらう」という一貫した態度をとっている。このことは，Cさんに検査者のみならず母親に大事にされている感じを与えるだろうし，おそらくそれによって「母親も初めて聞く話」が面接中に何度も聞かれたのであろう。この点において，既にこの面接は成功したといっても過言ではない。

　面接では「⑤言葉をよく知っているだけではなく，社会のルールなども深く理解している」が最初に話題になっている。Cさんが来てくれた面接で，Cさんらしさにもっとも関係しそうな特徴を最初に取り上げるのは理にかなっているといえよう。検査者の聴く姿勢により，様々な日常生活の様子が語られている。母親も検査者の姿勢に応じて，適宜質問を差しはさみながらCさんの話を聴く姿勢となっている様子が見て取れる。

　さて，大人が聴く姿勢を示すと，子どもは語りだす―最初の聞き取り時には「（困っていることや気になることは）ないです」といっていたCさんが「勉強面が気になる」と言ったという。検査者はそれを逃さずにさらに質問を重ね「③目で見て理解したり考えたりすることは苦手」につなげている。母親は「得意な部分を活かして苦手な部分を補う」という考え方を援用して，具体策を提案している。

　さらに，検査者は，母親が聞き取り時に挙げていた忘れ物や片付けの苦手さにつなげて話をする。このあたりの流れの自然さは見事である。そして，

Cさん自身も「掃除とか整理とか苦手」と話された。③の情報を受け入れる準備ができ、それを自分の日常生活とつなげて考えられるようになってきている証拠であろう。ここまでくれば、ではどうすればよいだろうか、と具体策を一緒に練り上げることは難しくない。そして、ここではCさん自身が―母親だけではなく―具体策を考案している。具体策は、取り組む人が取り組みやすいものが一番であることはいうまでもない。本人から具体策が出てきた時には、ぜひともそれを第一選択肢としてとりあげ、すかさず「いいですね、それ書きましょう！」とレポートに書き記してもらえるとよいと思う。この面接では、検査者がレポートに記入しているが、書くという作業によってより自身の具体策を現実のものとするという効果があるように思われる。特に、子ども自身が書くことは「これは"私の"レポート」という実感を強めるため、書字のできる子どもが同席している場合にはぜひおすすめしたい。

　最後に面接の目標の2つめ「Cさん自身が母親や周囲の人に困りごとを話せるようになること」についてもしっかり話ができたようで、フィードバックを通して、検査結果を伝えるという以上の、大人が子どもに関心をもち、子どもが関心を持ってもらっているという実感を持てる、という心理支援が行われたのではないだろうか。

　フィードバック後のCさんの近況を教えてもらえたことは、筆者としても宝物をいただいたような気持になった。Cさん親子のこれからがさらに豊かに広がっていくことを願ってやまない。

コラム：

初学者の困りどころ

—WISC スーパーヴィジョンから—

工藤昌孝

　知能検査にかぎらず，さまざまな心理検査の実施・解釈・フィードバック方法の習得は，今日でも個々人の積極的な修練によるところが大きい。公認心理師・臨床心理士を養成する大学院教育でも，授業で扱える時間と検査の種類は限られ，WISCの習熟度も大学院によって少なからず違うようだ。授業ののちは，自発的にマニュアルを精読して実施練習を繰り返す度合いや，学内学外で検査実習の機会に恵まれるかでも違ってくる。

　大学院生は，臨床心理士や公認心理師のカリキュラムに沿った授業とその課題，学内実習でのケース担当やその記録とスーパーヴィジョン（以下，SV），学外実習，修士論文の調査や執筆作業にと日々追われ，多くの検査を習得できるほど暇ではない。研鑽を深めたいが，広く学ぶことも求められる。一方，心理職の採用では検査の経験が問われる場合もあり，そうした見通しや必要性から検査に取り組む院生の姿もみる。

　また，職域によって用いる検査も異なるため，職に就いて本格的な学びを始める場合も多い。職場では先輩等から指導を受ける体制をとるところはわずかであるし，研修会やSVの場を探してもすぐに機会がもてるとは限らない。そんななか，「ともかく実施を正確にしなければ」と焦りながらマニュアルを熟読し，スムーズな実施と場面観察が行えるよう練習する。

　けれども，その検査の依頼はどのような意図や目的があるものだろうか。どのような状況にある被検者だろう。被検者には受検がどう伝わっていて，どんな想いで来られるのか。ならば，どう出会っていけばよいか。検査実施が被検者にとって負担に相応するほどの利益になるためには，実施前の準備

がたいせつである。検査場面の観察と数値結果の読み取りだけでは，その所見やフィードバックが被検者に意味のあるものになったか実感が伴わず，良心的な初学者をあとから苦しめている。

　初学者の困りごとは，SVでも語られる。WISCのSVでは，どんな現場で，どのような経緯と動機で検査が実施されたかにはじまり，被検者の情報（困りごとや気がかりなこと，生育史や家庭生活・集団場面・学習状況など），検査場面での観察内容，検査記録用紙の記述や採点，解釈や支援案などを確認しながら検討していくことになる。そこで聞く初学者の声には「練習を充分したのに，実施本番はうまくいかない」「検査に必死で，被検者の観察は疎かになる」「関係づくりをしたのに，実施できる状況にならない」「実施ミスで結果が不正確になった」「クエリーを出し忘れて採点に困る」「採点が正確か」「所見に困る」などがある。この状況に，初学者のSV では習熟不足だと指摘や叱責を受けることもあるようだが，WISC実施・採点は，被検者の特徴からくる難しさもある上に，それ自体がマルチタスクを要し，検査者の記憶や手際のよさもいる。そのため，検査者や被検者の特性や傾向をともに振り返り，検査者の困り具合からWISCの学び方や対応策を考え，ひいては実感のこもった，被検者支援の検討につなげたい。

　次に，検査の実施に習熟し，観察された特徴や検査の数値の意味を理解できるようになってくるころには，徐々に現実の被検者の特徴と関連づけられるようになる。ここでは「今までの経験値がないから数値を理解するときにイメージできない」「テキストにある典型的なパターンにしっくりはまる人は少なくてわからない」「現実的な支援を考えるのに，自分が対処案を持ち合わせてなくて出てこない」「本人の困り具合と数値が合わないとき，さまざまな可能性を考えることがまだできない」といった課題が語られる。そして，各指標の合成得点の特徴を読み取れないまま所見をなんとか捻り出そうと，主訴や検査場面の行動観察を根拠とした予測のみが所見になることがある。観察される特徴が数値の補助資料の位置づけを越えて根拠になると，その解釈は経験と知識による恣意的なものになり，被検者の不利益になる可能性がでてくる。

さて，WISCのフィードバックでは保護者に結果を伝える機会も多い。初学者からは「所見を伝え，質問を受けたが，どこまで理解や支援に役立ったのか…」と漠然とした不安が語られる。本書で紹介される，親との協働的なフィードバック面接（CFP）では，検査者と親（子ども本人）が主体的で協働的なプロセスとなるようセッティングされているため，この不安は少なからず解消される。またこの面接法は，限られた面接時間を有効に使う意識のもと，順序だてられ丁寧に構造化されている。限られたフィードバックの機会や時間をどれくらいどう活かすかという意識が面接の場にあって，はじめて協働性や主体性は生まれる。

　また，心理面接のSVに比べて，検査のSVは解釈中心の検討になると教育色がつよい場になり，SVの時間枠の曖昧さ，威圧感のある師弟関係，公私の区別の薄さなどが起き，初学者の過度な負担になることがあるようだ。その面でも，フィードバック面接の方法や程度にも意識を向けるSVでは，SVの場も協働的で相互主体的なものになりやすいように思える。

ダイジェスト版：CFP のための手引き

第 I セッション：聞き取り（10-15分）＋検査実施（60-75分）
第 II セッション：フィードバック（約50分）

第 I セッションでの聞き取り内容

1）受検の経緯，動機，これまでの受検歴
2）現在困っていること，気になること
3）家族との関係や家での様子/友人・先生との関係や集団場面での様子
4）得意・好きなこと/苦手・嫌いなこと（学習面・日常場面）
5）検査を通して知りたいこと

第 II セッションの流れ

1）あいさつ，第 I セッション後から今回までの様子を尋ねる，今日の予定・目的の確認（約5分）
2）検査結果の説明と親の実感とのすりあわせ（約15分）
　①結果シートおよびWISC-IV記録紙の裏の正規分布表を提示する。
　②FIQ，各指標の順に，結果をグラフと記述分類で伝える。
　③検査から得られた5つの特徴のそれぞれについて，検査時の行動観察もふまえて説明する。
　④感想を尋ねる。
3）対処法とその汎用性のあるまとめの考案・記入（約30分）
　・5つの特徴のそれぞれについて，親と協働して日常生活でできる支援策や伸ばし方を考える
　・1つの特徴につき，すぐに取り組める対処方法を1つ決める
　・親/子どもに結果シートに書き込んでもらう
4）協働の成果の確認・終了後のフォローの提示

WISC-Ⅳレポート

さん	歳	月	生年月日	＊年	＊月	＊日

検査者： 　　　　　　　　　　　実施日　　＊年　＊月　＊日

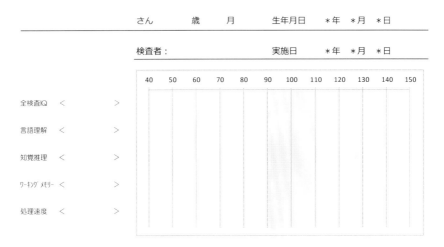

		40	50	60	70	80	90	100	110	120	130	140	150
全検査IQ	＜　　　　＞												
言語理解	＜　　　　＞												
知覚推理	＜　　　　＞												
ワーキングメモリー	＜　　　　＞												
処理速度	＜　　　　＞												

検査からわかる特徴	
日常では？	
工夫できることは？	
検査からわかる特徴	
日常では？	
工夫できることは？	
検査からわかる特徴	
日常では？	
工夫できることは？	
検査からわかる特徴	
日常では？	
工夫できることは？	
検査からわかる特徴	
日常では？	
工夫できることは？	

あとがき

　本書は，隈元みちる先生の長年の地道な臨床活動と研究の一端がかたちとなったものである。隈元先生のお仕事の様子は，十六年ほど前，勤務校でのご縁からときどき拝見するようになった。検査のフィードバック研究については，ずっと以前に，参加者がいっぱいの学会発表会場で床に座って拝聴した記憶がある。

　心理臨床家にとって査定は関心の高い領域であるが，フィードバック面接をどう組み立て，どう関わるかは個人の経験に任され，一般の心理面接のセッションほど充分には言挙げされてこなかったように思う。今回，その成果のひとつが形となって，多くの方に手に取ってみていただけるものになったことをうれしく思う。

　本書は，やわらかくも機微をつかむ隈元先生の臨床活動と研究に，明敏な稲月聡子先生との掛け合いで起きる発展的な対話による研究作業の積み重ねがあって成った。あれこれ作業や議論し，ときにずっこけ笑いも起きる，この定期的作業は私にとってもあらためて協働という場づくりについて考えさせられ，体感もできる有意義なものであった。また，大学院の臨床教育にかかわるなかでいつも気がかりであった課題（心理査定の学びを，支援者・被支援者・関係者にとって真に意義が感じられる支援や機縁にすること）に取り組むことができたことはさいわいであった。

　本書の出版にあたっては，稲月先生の勤務校の出版部門で承認を得ることができた。岡山大学出版会と関係の先生方に厚くお礼申し上げます。また，表紙イラストとして，縁起物の素敵な銅版画の使用を快く許諾くださった寺澤智恵子様に心よりお礼申し上げます。

　最後になりましたが，研究への協力と本書掲載に同意くださった被検者と保護者の皆さま，誠にありがとうございました。そして，長らく臨床教育の場としてお世話になった日本福祉大学の大学院生や修了生有志の強い関心と協力に感謝致します。ありがとうございました。

　本書が多くの初学者にとっての臨床的な学びのきっかけになることを，初心の心理専門職にとってのひとつの導きになることを願います。そして，経験ある心理専門職の方にも，もし日々の臨床活動でなんらかの課題を感じられていることがあれば，ひとつの指針や着想としてご活用いただければと思います。

工藤昌孝

編著者略歴

隈元みちる（くまもと・みちる）
兵庫教育大学大学院教職実践高度化専攻准教授
大阪大学大学院人間科学研究科博士後期課程単位取得退学。大学にて教員
の養成教育に従事しつつ，精神科クリニックの非常勤心理職等として心理支援を
行う。2018 年 8 月から 2019 年 7 月にかけて Università Cattolica del Sacro
Cuore にて客員教員。臨床心理士，公認心理師。

著者略歴

稲月聡子（いなつき・さとこ）
岡山大学学術研究院社会文化科学学域（文学部）准教授
大阪大学大学院人間科学研究科博士後期課程単位取得退学。臨床心理士・公
認心理師の養成教育に従事しつつ，非常勤で幼稚園での発達相談，小児科クリ
ニックでのカウンセリングなどを行っている。臨床心理士，公認心理師。

工藤昌孝（くどう・まさたか）
東海学院大学人間関係学部心理学科准教授
甲南大学大学院人文科学研究科修士課程修了。医療（精神科病院等），教育
などの領域で心理臨床業務に従事し，大学にて臨床心理士・公認心理師の養成
教育を行う。臨床心理士，公認心理師。

林　甫（はやし・はじめ）
日本福祉大学大学院社会福祉学研究科心理臨床専攻修士課程修了。スクール
カウンセラーとして勤務しつつ，非常勤で児童相談所でのカウンセリングなどを行っ
ている。臨床心理士，公認心理師。

前田暁子（まえだ・あきこ）
医療法人静心会桶狭間病院藤田こころケアセンター
日本福祉大学大学院社会福祉学研究科心理臨床専攻修士課程修了。
精神科病院にてカウンセリングや心理検査などの心理支援を行っている。臨床心理士，公認心理師。

山下美紀（やました・みき）
名古屋市中央児童相談所児童心理司
日本福祉大学大学院社会福祉学研究科心理臨床学専攻修士課程修了。精神科クリニックでの心理職等を経て，現職。臨床心理士，公認心理師。

心理アセスメントを生活につなげる協働的フィードバック
ウェクスラー式知能検査を用いた手引き

2023 年 3 月 3 日　　初版第 1 刷発行
2023 年 7 月 7 日　　初版第 2 刷発行

編著者	隈元 みちる
著　者	稲月 聡子・工藤 昌孝・林 甫・前田 暁子・山下 美紀
発行者	那須 保友
発行所	岡山大学出版会
	〒700-8530　岡山県岡山市北区津島中 3-1-1
	TEL 086-251-7306　FAX 086-251-7314
	https://www.lib.okayama-u.ac.jp/up/
印刷・製本	友野印刷株式会社

© 2023 KUMAMOTO Michiru Printed in Japan ISBN 978-4-904228-76-0